WOODY ALLEN

Allen Stewart Konigsberg, conocido como Woody Allen, nació en el barrio de Brooklyn, Nueva York, en 1935. *Showman*, guionista de radio y televisión y autor de teatro –con obras como *Sueños de un seductor*, *La bombilla que flota* y *No te bebas el agua* (Fábula 242, 250 y 256) o *Adulterios* (Marginales 239)–, Woody Allen se ha hecho mundialmente famoso por sus películas, que no sólo escribe, sino que también dirige y con frecuencia protagoniza. Tusquets Editores ha ido publicando desde 1981 los guiones de *Delitos y faltas* (Ínfimos 138), así como los de *Misterioso asesinato en Manhattan*, *Balas sobre Broadway*, *Annie Hall*, *Manhattan*, *Hannah y sus hermanas*, *Recuerdos*, *Interiores*, *Todo lo que usted quiso siempre saber acerca del sexo*, *Zelig* y *Maridos y mujeres* (Fábula 29, 91, 107, 120, 140, 146, 199, 215, 224 y 231). Sus admiradores podrán hallar asimismo en nuestro catálogo sus libros de relatos *Cómo acabar de una vez por todas con la cultura*, *Sin plumas* y *Perfiles* (Fábula 46, 78 y 171), también reunidos en un único volumen, *Cuentos sin plumas* (Andanzas 83).

Woody Allen

Manhattan

Traducción de José Luis Guarner

Título original: *Manhattan*

1.ª edición en Cuadernos Ínfimos: abril de 1981
6.ª edición en Cuadernos Ínfimos: febrero de 1996
1.ª edición en Fábula: julio de 1999
2.ª edición en Fábula: noviembre de 2006

© 1979 by United Artists Corporation, New York
All European book publication rights reserved by Diogenes Verlag AG Zurich
Photos by Brian Hamill/IPOL, Inc.
Traducción de José Luis Guarner

Diseño de la colección: Pierluigi Cerri

Reservados todos los derechos de esta edición para
Tusquets Editores, S.A. - Cesare Cantù, 8 - 08023 Barcelona
www.tusquetseditores.com

ISBN: 84-8310-643-4
Depósito legal: B. 45.026-2006

Impresión y encuadernación: GRAFOS, S.A. Arte sobre papel
Sector C, Calle D, n.º 36, Zona Franca - 08040 Barcelona
Impreso en España

Manhattan

MANHATTHAN
1979

Reparto:

Isaac Davis	Woody Allen
Mary Wilke	Diane Keaton
Yale Pollack	Michael Murphy
Tracey	Mariel Hemingway
Jill, ex esposa de Ike	Meryl Streep
Emilly Pollack	Anne Byrne
Connie	Karen Ludwig
Dennis	Michael O'Donoghue
Invitado fiesta	Victor Truro
Invitado fiesta	Tisa Farrow
Invitado fiesta	Helen Hanft
Invitada de honor	Bella Abzug
Director TV	Gary Weis
Productor TV	Kenny Vanee
Actor TV	Charles Levy
Actor TV	Karen Allen
Actor TV	David Rasche
Willie, hijo de Ike	Damion Sheller
Jeremiah, ex marido de Mary	Wallace Shawn
Actriz shakesperiana	Mary Linn Baker
Actriz shakesperiana	Frances Conroy
Propietario Porsche	Bill Anthony
Propietario Porsche	John Doumanian
Camarero pizzería	Ray Serra

Producción:	Jack Rollins, Charles H. Joffe
Distribución:	United Artists Corporation
Productor:	Charles H. Joffe
Productor ejecutivo:	Robert Greenhut
Director:	Woody Allen
Guión:	Woody Allen y Marshall Brickman
Director de fotografía:	Gordon Willis
Escenografía:	Mel Bourne
Figurinista:	Albert Wolsky

Montador: Susan E. Morse
Reparto: Juliet Taylor
Música: George Gerswhin
Jefe de producción: Martin Danzig
Ayudantes de dirección: Fredric B. Blankein
Joan Spiegel Feinstein
Foto-fija: Brian Hamill

Exterior. Manhattan. Día.
La silueta de varios edificios que se recortan en el horizonte. Un aparcamiento con el letrero PARKING. *La enseña de neón de un hotel se enciende y se apaga. Reza* MANHATTAN.
Coches. Un puente y edificios. Un restaurante con la enseña EMPIRE DINER. *Una calle cubierta de nieve con automóviles que se dirigen al rascacielos Empire State. Una calle con camiones. Una tienda de ultramarinos. Gente que se agolpa en una acera. Un hombre empuja un bastidor de ropa vacío por una calle muy llena de transeúntes.*
VOZ DE IKE: «Capítulo primero. Adoraba Nueva York. Era... su ídolo». Hem, no, pongamos mejor: «La había hecho desproporcionadamente romántica. No importaba cuál fuese la estación, para él era una ciudad en blanco y negro que vibraba al son de las grandes melodías de George Gerswhin». Ahhh, empecemos otra vez.
Viviendas. Ropa tendida que cuelga de las casas. Un hombre se asoma por una ventana.
VOZ DE IKE: «Capítulo primero. Veía Manhattan desde un ángulo romántico en exceso, como le ocurría con todo lo demás».

Más tráfico. Mucha gente en la calle, una manifestación.
VOZ DE IKE: «Le enardecía el ajetreo de la gente, el bullicio del tráfico».
La Quinta Avenida. Pasa la gente por una acera concurrida ante un establecimiento con una enseña que dice HENRI BENDEL. *Otra calle. Barreras que rodean un gran agujero en el asfalto. Unos obreros, junto al hoyo, miran a una mujer que pasa.*
VOZ DE IKE: «Para él, Nueva York significaba mujeres guapas y tipos listos que se las sabían todas».
Un muelle. Llega un ferry atestado de pasajeros.
VOZ DE IKE: Noo, no, cursi, demasiado cursi... para mi gusto. *(Carraspea.)* Bueno, empecemos otra vez, a ver si sale más profundo.

Exterior. Manhattan. Noche.
Unos niños juegan en la nieve. Tres hombres caminan hacia un taxi.
VOZ DE IKE: «Capítulo primero. Adoraba Nueva York».

Exterior. Manhattan. Día.
Un parque con una fuente y personas que pasean. Tiendas con ropa colgada en la calle. Gente que se apelotona en la acera.
VOZ DE IKE: «Para él, era una metáfora de la decadencia de la cultura contemporánea».
El puerto de Nueva York. Un barco surca el río. Al fondo, la línea del horizonte. El mercado de pescado. Un hombre asomado a una ventana mira a un empleado que pesa un pez. El hombre de la ventana se retira. Hay

dos carteles en la ventana escritos a mano. Uno pone HAY PEZ ESPADA FRESCO *y el otro* FILETES DE LUBINA. *Una escuela privada. Niños uniformados corren por la acera repleta de gente.*

VOZ DE IKE: «La misma falta de integridad individual que impulsa a tanta gente a buscar la salida más fácil, convertía velozmente la ciudad de sus sueños en...».

Una cancha de básket. Tres chicos juegan a básket detrás de una valla. Un parque cubierto de nieve con gente que hace jogging.

VOZ DE IKE: No, esto va a parecer un sermón. Vamos, ya se sabe, para qué negarlo, yo lo que quiero es vender el libro. «Capítulo primero. Adoraba Nueva York.»

Puestos de verdura enfrente de una tienda. Una tintorería. Un anuncio mural en la fachada de un edificio, donde aparece un hombre que bebe una lata de cerveza. El anuncio dice SI NO TIENE SCHLITZ, NO TIENE EL GUSTO.*

Otro anuncio reza QUITAMANCHAS PETER PAN. *Un letrero de neón en la ventana de abajo pregona* SERVICIO EN 1 HORA. INSTALACIONES PROPIAS.

Exterior. Aeropuerto Kennedy. Noche.
Viandantes y automóviles. Un letrero en un edificio pregona JFK.

Exterior. Manhattan. Día.
Dos hombres pasean por una calle. Coches aparcados

---

* En castellano en el original. *(N. del T.)*

en doble fila. Un autobús dobla la esquina en una calle animada.

VOZ DE IKE: «Aunque era para él una metáfora de la decadencia de la cultura contemporánea».

Tres hombres aguardan en una esquina a que cambie el semáforo. Bolsas de basura se amontonan en la acera.

VOZ DE IKE: «Qué difícil es existir en una sociedad insensibilizada por las drogas, la música estruendosa, la televisión, el crimen, la basura». Demasiado tajante. No quiero que me tomen por un escritor de protesta.

Exterior. Galerías Parke-Bernet. Día.
Aceras atestadas. Un letrero sobre la puerta dice GALERÍAS PARKE-BERNET INC. 980.

VOZ DE IKE: «Capítulo primero. Era...»

Interior. Museo Guggenheim. Día.
Visitantes en dos niveles del edificio contemplan los cuadros que cuelgan de las paredes.

VOZ DE IKE: «...tan fuerte y romántico como la ciudad que amaba».

Exterior. Gucci. Día.
El tráfico que pasa. La acera llena de gente. Un letrero pone GUCCI.

Exterior. Manhattan. Día.
Un hotel, con tráfico y viandantes en la acera. Un rascacielos junto a una casa antigua. Al otro lado del

rascacielos, un edificio en construcción. Numerosos rascacielos.
VOZ DE IKE: «Tras sus gafas de negra montura, se escondía la fuerza sexual de un tigre». Eso me ha gustado. «Nueva York era su ciudad. Y lo sería siempre.»
Música: Rapsodia en azul, *de Gershwin.*

Exterior. Manhattan. Crepúsculo.
Cae la noche sobre Manhattan. Un parque y la silueta de varios edificios del centro. Central Park. Un hombre y una mujer se besan en un balcón. Una calle cubierta de nieve. Dos taxis ante el Hotel Pierre. Otro taxi que pasa.

Exterior. Manhattan. Noche.
Las luces brillan en el horizonte. Una calle. Letreros de neón. Uno dice MAJESTIC, *otro* ST. JAMES. *Un tercero,* GLOBE HOTEL. *El Lincoln Center por la noche. Broadway de noche con el tráfico que pasa por delante de los teatros. Un intermitente de neón pregona* BROADWAY. *El tráfico que pasa ante el Radio City Music Hall. Un letrero en la fachada del cine anuncia* MUSIC HALL R A D, ANTHONY QUINN/JENNIFER O'NEILL. *Un letrero de neón recomienda* DISFRUTE CON COCA-COLA. *La temperatura —67°— centellea en la esquina inferior del letrero y luego la hora —10:16—. Bajo el letrero de neón un mural reza* CASTRO, *y encima del letrero otro pone* WHISKY. *Gente de pie en una serie de cabinas telefónicas en una calle animada. Oficinas con las luces encendidas. El Delacorte Shakespeare Theatre. Dos actores caracterizados en un decorado que representa la calle de un*

pueblo. El Yankee Stadium por la noche. Numerosos edificios y un tren. La multitud indefinida que llena el estadio. Manhattan de noche. Fuegos artificiales surcan el cielo sobre la silueta de los edificios con las luces encendidas.
La música se desvanece poco a poco.

Exterior. Café. Noche. En el cristal del escaparate pone ELAINE'S.

Interior. Elaine's. Noche.
Un camarero acompaña a un hombre y a una mujer hasta una mesa en un café llenísimo. Aparta la mesa de la pared, la limpia, y pone sobre ella dos menús. El hombre ayuda a la mujer a sentarse.
Sentados ante una mesa, con algo de comida y más bebida de la cuenta, están cuatro personas: Yale Pollack, un intelectual, crítico y profesor; Emily Pollack, su guapa esposa; Isaac Davis; Tracey, una bonita chica de 17 años, la amiga de Isaac.

YALE: Yo creo que la esencia del arte está en darle a la gente cierta capacidad de penetrar en las cosas, ¿sabes?, para experimentar sentimientos que, en realidad, tú ignorabas poseer.

IKE *(off):* El talento es cosa de suerte. Psé. Yo creo que lo importante en la vida es el valor.

Emily sonríe.

EMILY *(risita):* Ya llevan veinte años con esta discusión.

IKE: Escucha, te lo explicaré con un ejemplo. Si nosotros cuatro *(se pasa la lengua por los labios)* volvemos a casa paseando por el puente, y una persona se estuviera ahogando, ¿tendríamos valor, tendría alguno de nosotros valor para tirarse al agua helada y salvarla de la muerte?

YALE: ¿Para tirarse al agua y salvar a una persona que se ahoga?

IKE: Mira, es que... es que... es una pregunta crucial, ¿sabes? Yo, claro, yo, como no sé nadar, no tendría que plantearme el problema.

Ike se pone un cigarrillo en la boca. Yale mira a Emily.

IKE: No sé.

YALE: No, no. ¿Quién de nosotros lo haría? *(Risita.)*

EMILY *(ríe también):* No sé.

Ike tararea una cancioncilla mientras enciende el cigarrillo. Yale le ofrece un bocado a Emily con el tenedor.

YALE: ¿Quieres un poquito más?

EMILY: No.

YALE: Vamos, claro que quieres.

EMILY: Gracias.

Ike le da una chupada al cigarrillo mientras mira a Tracey.

IKE: Mmm. ¡Oh, vaya, es estupendo!

YALE: Mmm.

TRACEY *(ríe):* Si no te tragas el humo.

IKE: Claro que no me lo trago. Produce cáncer. Pero *(expira)* estoy tan impresionantemente guapo con un cigarrillo...

Tracey asiente.

TRACEY: Oh.

IKE: ...que no puedo por menos de tener uno siempre en la mano. Eso sí lo sé.

Yale ríe, mientras Ike continúa fumando.

IKE: Dime, ¿te gusto?

TRACEY: Hum-hum.

YALE: Estás provocativo.

IKE: Empiezo a tener sed, ¿vale?

Emily ríe.

TRACEY: Ya.

Se levanta de la mesa.

TRACEY: Disculpadme.

Se va.

YALE: Dios mío, es preciosa.

Ike asiente, mientras bebe un sorbo de vino.

IKE: Ah, pero tiene diecisiete años. *(Se pasa la lengua por los labios.)* Yo tengo cuarenta y dos y ella diecisiete. *(Tose.)* Soy más viejo que su padre. ¿Qué te parece? Estoy saliendo con una chica y... bueno, soy mayor que su padre. Es la primera vez que ese fenómeno me ocurre.

EMILY: Está borracho.

YALE: Estás borracho. Sabes que no deberías beber.

Ike exhala una bocanada de humo y bebe otro sorbo de vino.

IKE: Psé. ¿Os he contado que mi ex mujer?...

YALE *(off)*: ¿Cuál, Tina?

Ike sacude la cabeza y levanta dos dedos.

IKE: ...No, no... mi segunda ex mujer... Está escribiendo un libro sobre nuestro matrimonio y nuestra ruptura.

EMILY *(off)*: ¡Qué vulgaridad!

IKE: Deprimente, eso es lo que es. ¿Sabéis? *(Suspira.)* Va a revelar todos esos detalles, todas mis pequeñas idiosincrasias, mis peculiaridades, mis rarezas y *(da una nueva chupada al cigarrillo)*... y, en fin, no es que tenga nada que esconder, porque, ya sabéis, pero hay unos cuantos momentos repugnantes que quisiera olvidar. *(Nuevo suspiro.)*

YALE: No son más que murmuraciones, ya sabes. La

murmuración es la nueva pornografía. La tenemos todos los días en los periódicos.

IKE *(off):* No debería permitir que ella me intimidara.

YALE: Ya lo sé.

Tracey vuelve y se sienta al lado de Ike. Ike suelta una risita.

YALE: Lo que no deberías permitirte es beber.

IKE: Ya sé, mi cabeza...

TRACEY: Debemos irnos, ¿sabes? Tengo un examen mañana.

VOZ DE HOMBRE *(al fondo):* Un buen plan para...

Ike mira a Yale y a Emily, y luego ciñe con el brazo a Tracey.

IKE: ¿Ah, sí? *(A Emily y Yale)* La niña se tiene que levantar...

Un hombre y una mujer salen del café.

MUJER: A las once cuarenta.

HOMBRE: A las once cuarenta.

Tracey suspira y luego suelta una carcajada. Ike mira a Yale con una risita.

IKE: Tiene que hacer los deberes. Estoy saliendo con una chica que hace deberes.

Tracey suspira.

Exterior. Calle. Noche.
Emily y Tracey caminan detrás de Ike y Yale.

IKE: ¿Qué hay? ¿Qué te pasa? Tú... tú... ¿puede saberse dónde estás ahora?

YALE *(suspira):* Oh.

IKE: Tienes la cabeza a millones de kilómetros de aquí.

YALE: Sí, tengo algo que contarte. Yo, bueno, no sé muy bien cómo empezar. Hum... yo, bueno, hace siete u ocho semanas, fui a una cena. Y, bueno, conocí allí a una mujer. Y *(suspira)* yo, bueno, yo, no sé cómo, me he liado con ella. Ah...

IKE: ¿Lo dices en serio?

YALE: Empezó la cosa de modo muy casual, ¿sabes? Quiero decir que...

IKE: Ya, ya.

YALE: Almorzamos juntos en un par de ocasiones. Pero ahora, es... ¿sabes? La cosa se ha desmandado, y ya no sé qué hacer. Quiero decir que yo estoy... tengo miedo.

IKE: Bueno, ¿y quién es ella? Dime... dame detalles, anda.

Ike y Yale doblan una esquina.

YALE: Bueno, es una periodista.

IKE: Ajá.

YALE: Es muy...

IKE: ¿No estará casada encima?

YALE: No, no, no. Es muy guapa.

IKE: Ajá.

YALE: Es muy, muy nerviosa, ¿sabes? Muy excitable... esquiva.

IKE: Vaya, estupendo. Parece un plan fantástico.

YALE *(ríe):* Oh, es... fantástica. Quiero decir, yo... ella... en fin, no puedo quitármela ni un momento de la cabeza.

Emily y Tracey doblan la esquina, tras Ike y Yale.

IKE: En... entonces, ¿pretendes decirme que tu, bueno, que tu matrimonio se ha...? Bueno, ¿de veras va en serio?

Yale mira disimuladamente por encima del hombro, luego hace una mueca.

YALE: No lo sé. Pero va en serio. Verás...

IKE: ¿No le has dicho nada a Emily?

Yale echa una mirada furtiva a Emily.
YALE: Por el amor de Dios, no.
IKE: Es asombroso. Estoy aturdido porque... de todas las personas que conozco, siempre creí... vaya, daba por seguro que Emily y tú erais el matrimonio unido por excelencia.
YALE: Y lo somos. Mira, cómo te diría, yo la quiero. *(Dice algo entre dientes.)*
IKE: Ya, pero te entiendes con...
YALE: Ya lo sé. Lo sé muy bien, pero quiero decir, en todos los años que llevamos casados, he tenido, tú ya me entiendes, he tenido, bueno, una o dos... aventurillas con otras mujeres. Quiero decir... quiero decir... escúchame... No lo puedo soportar. Me avergüenzo de mí mismo cada vez que pasa esto.
IKE: Bueno, ¿y qué quieres que te diga?
YALE: Pero esto, ¿sabes?, es diferente. Yo...
IKE: Es terrible. Ah, yo, escucha, a mí no me pidas consejo. Yo...
Yale suspira.
IKE: En lo que se refiere a relaciones con mujeres, a mí me darían el premio August Strindberg.
Yale suspira.

Interior. Apartamento de Yale y Emily. Noche.
Emily y Yale entran en su apartamento. Emily enciende la luz. Yale cierra la puerta. Luego va al living y se detiene junto a una lámpara de pie.
EMILY: Pues yo no creo que con diecisiete años sea tan joven. Además, parece una chica inteligente.
YALE *(risita):* Mira, yo... no te lo discuto. Creo que es estupenda. Isaac... podría, haber elegido peor. Sus li-

gues fueron mucho peores otras veces. *(Ríe.)* A mí me parece que está malgastando su vida. Vamos, escribiendo toda esa basura para la televisión.

Yale apaga la lámpara y se quita la chaqueta. Emily se mete en la cocina.

EMILY *(off):* Yale... ¿has vuelto a pensar en que tengamos un niño?

YALE: ¡Santo cielo, un niño! Escucha, tengo que acabar ese libro sobre O'Neill. No sé cómo me lo voy a quitar de encima. Y he de reunir dinero para montar la revista. ¡Un niño!

Yale entra a su vez en la cocina. Emily se vuelve hacia él y deja el plato que tiene en la mano. Se abrazan.

EMILY: Bien, siempre hablamos de comprar una casa en Connecticut.

Yale suspira.

EMILY: Podrías terminar el libro allí.

YALE: ¿En Connecticut?

EMILY: Sí.

Yale le da un beso a Emily.

YALE: No puedo irme a Connecticut. No sería práctico. Aquí lo tengo todo. *(Ríe.)* Mi trabajo lo tengo aquí. No es el momento oportuno. Además, ¿qué hacemos con Isaac? Vamos, no podemos abandonarle, mujer. *(Risita.)* Es incapaz de moverse en otro sitio que no sea Nueva York, ya lo sabes. Es muy freudiano.

Emily asiente. Los dos se besan.

Exterior. Edificio. Día.
Jill Davis, la ex mujer de Ike, sale de una casa y empieza a caminar por la acera. Ike, que la esperaba en un portal, se pone a su lado.

IKE: ¿Estás escribiendo un libro sobre nuestro matrimonio?

JILL: ¿Quieres dejarme en paz?

IKE: ¿Estás escribiendo algo sobre nuestra ruptura? Vamos, dímelo.

JILL: Ya te he dicho cuanto tenía que decirte.

IKE: Mira, lo sé porque da la casualidad de que tengo un amigo en Random House, ¿vale?

Jill y Ike doblan una esquina.

JILL: Soy libre de hacer lo que me parezca, ¿vale?

IKE: Ya, pero esto me atañe personalmente.

JILL: Tengo prisa.

IKE: Porque quieres que se entere todo el mundo, ¿verdad? Nuestra vida, nuestra vida sexual, nuestra... hasta el último detalle, ¿no es así?

JILL *(hablando al mismo tiempo):* Pero bueno, ¿me has estado espiando?

IKE: No, no hizo falta espiar. Estuve en una fiesta y un individuo me contó que había u-uun primer capítulo de un libro que mi mujer estaba escribiendo. Y que era algo tremendo. Tremendo de veras.

Jill se echa a reír.

IKE: Se me cayó... se me cayó la copa de vino en los pantalones.

JILL: No quiero perder el tiempo discutiendo eso.

IKE: Ah, ¿no quieres perder el tiempo discutiendo eso? ¿Cómo está Willie?

JILL: Bien.

IKE: Dame algún detalle más, caramba.

Los dos se detienen.

IKE: ¿Qué quiere decir «bien»? ¿Juega al béisbol? ¿Se viste de chica? ¡¿Qué?!

JILL: No se viste de chica. Ya sabrás todos los detalles cuando te toque verle.

IKE: Oye, no escribas ese libro. Es una experiencia humillante.
JILL: Es una descripción franca de nuestra ruptura.
Continúan caminando.
IKE: Dios mío, la gente que nos conoce va a enterarse de todo.
JILL: Una terrible amenaza para ti.
Doblan otra esquina.
IKE: Oye, de amenaza para mí, nada, porque yo, ejem, de los dos no fui yo quien se portó de una forma inmoral, psicópata y promiscua.
Jill aprieta el paso y se aleja.
IKE: Espero no haberme dejado nada.

Interior. Apartamento de Ike. Noche.
Tracey está en un sofá, leyendo un libro. Entra Ike con dos copas de vino.
IKE: ¿Me estás diciendo que... que yo... que tú has tenido tres amantes antes que yo? Me parece difícil de creer, ¿sabes? Es inconcebible.
Ike va a la cocina y enciende la luz. Deja las copas de vino.
IKE: Cuando yo tenía tu edad, mi abuela venía aún a arroparme a la cama.
TRACEY: Oh, bueno, eran unos chicos todavía muy poco maduros. Verás... quiero decir que no se te parecían en nada.
Ike vuelve al living.
IKE: Ya, ¿y eso qué significa?
TRACEY: Bueno, ya te lo dije antes. Creo que estoy enamorada de ti.
Ike se acerca al sofá.

IKE: Eh, no te excites, ¿vale? Esto... esto que me dices es fantástico...

Ike se sienta en el sofá junto a Tracey.

IKE: ...Hazme un sitio, guapa... porque, ¿sabes?, bueno, es maravilloso... ¿sabes?, nos lo estamos pasando muy bien. Pero tú eres una niña, y... y quiero que no lo olvides, ¿sabes? Ya me entiendes, vas a conocer a un montón de hombres fantásticos en tu vida y... Quiero que disfrutes conmigo, ¿sabes?, con mi sarcástico sentido del humor y... *(risita)* y con mi asombrosa técnica sexual, pero no olvides nunca, ¿sabes?, que tienes... que tienes toda una vida por delante.

TRACEY: Vaya, ¿no sientes nada por mí?

IKE: Pero bueno, ¿cómo puedes preguntarme eso? ¿Cómo...? Vamos, yo por ti lo siento todo, pero, ya sabes... a tu edad no debes atarte a una sola persona. Lo nuestro es... eh, delicioso y... *(carraspea)* erótico. No cabe duda. A menos que la policía eche la puerta abajo, vamos... bueno, creo que vamos a batir un par de récords, ¿sabes? Pero no puedes, hum, no puedes atarte. No es, hum, conveniente. Has de pensar en mí... como una especie de desvío en la autopista de tu vida.

Ike se levanta y toma a Tracey de la mano.

IKE: Así que vístete, porque creo que debes irte.

TRACEY: ¿No quieres que me quede?

IKE: No... lo que no quiero es que lo conviertas en una costumbre, ¿sabes?...

Tracey se levanta del sofá.

IKE: ...porque la cosa empieza, ya sabes, quedándote una noche, y luego dos noches y luego, ya sabes, acaba que te quedas a vivir aquí.

Cruzan los dos el living en dirección a la escalera.

TRACEY: No es mala idea ¿sabes?

IKE: Hum... No, no. Es una idea fatal. No te gustaría. Créeme. Soy un tipo difícil de soportar. Mañana te llevaré al cine de Blecker Street para que veas la película de Verónica Lake, ¿vale?

Empiezan a subir la escalera.

TRACEY: Bueno. ¿Veronica Lake era la vamp pelirroja?

IKE: No, ésa es Rita Hayworth. Dime, ¿tengo que... tengo que repetírtelo todo el tiempo?

Se meten en el piso de arriba

TRACEY: ¿Quién? ¿Ri... Rita qué?

IKE: Rita Hayworth. ¿Me tomas el pelo? Vamos, nunca sé cuándo hablas en broma

TRACEY: ¡Claro que te tomo el pelo! ¿O crees que no estoy al tanto de las cosas anteriores a Paul McCartney?

Interior. Galería de arte. Día.
Tracey y Ike visitan una exposición de fotografías. El público llena el local. El murmullo de las conversaciones es continuo.

IKE: Mira, estas fotografías me parecen interesantes, ¿sabes? Verás...

TRACEY: Sí, a mí también.

IKE: ¿Has... has utilizado alguna vez la cámara que te regalé?

TRACEY: Oh, sí, constantemente. He hecho fotos en nuestras clases de declamación.

IKE: ¿De veras?

TRACEY: Es muy divertido. Está muy bien, realmente, sí.

IKE: ¿Sabes a quién te pareces al hablar? Al ratón de los dibujos de Tom y Jerry.

TRACEY *(risita):* ¿Me tomas el pelo?

IKE: No, no, ha sido una deducción.

TRACEY: ¡Mira quién habla! Tú tienes voz de pito. *(Ríe.)*

IKE: La tuya... la tuya es exactamente igual que la del ratón. Eso requiere arte, no creas.

TRACEY: Ah, vaya. *(Ríe.)* Muchas gracias.

IKE: Yo ya sé que tengo voz de pito. ¿Sabes?

Tracey continúa riendo. Ike se vuelve para mirar a alguien que se halla fuera de campo.

IKE: ¿Qué haces aquí?

TRACEY: Ho-hola.

YALE *(off):* Hola.

IKE: ¿Cuánto rato llevas aquí?

TRACEY: Precisamente hablábamos de ti.

IKE: Oh, muy gracioso.

TRACEY: Ja.

IKE: ¿Qué... qué, hum, qué haces, si se puede saber? ¿Andas persiguiéndonos, o qué?

Tracey se echa a reír. Yale entra en campo ante ellos.

YALE *(risita):* ¿Cómo estás? *(A Tracey)* Hola.

IKE: Bien, bien. Es curioso, ¿sabes? Hablábamos de que, bueno de ir... de ir todos a Central Park el fin de semana para ver esa obra de Shakespeare. ¿Por qué no nos decidimos?

Mary Wilke aparece junto a Yale.

YALE: Oh, por mí muy bien.

TRACEY: Sí, nos divertiremos.

YALE: Me encantará ir.

Yale mira a Mary.

YALE: Ah, os presento a mi *(risita)* amiga.

Mary ríe.

YALE: Mary Wilke. *(A Mary)* Isaac Davis y Tracey.

Ike y Mary se dan la mano.

MARY: Vaya, hola, hola.

IKE: Hola, ¿qué tal?
MARY: Encantada de conocerte.
IKE: Yo también. Yo también.
MARY *(a Tracey):* Hola.
TRACEY: Hola.
IKE: Estuvimos, abajo, en la Galería Castelli, viendo la exposición de fotografía. Increíble, absolutamente increíble.
TRACEY: Sí, es muy buena.
MARY: ¿De veras os gustó?
Yale suspira.
IKE: Las... las fotografías de abajo...
MARY: Sí, las de abajo.
IKE: ...las de la Galería Castelli... formidables, absolutamente formidables. *(A Mary y Yale)* Hum, ¿y a vosotros?
MARY: Ah, no. Me... me parecieron muy derivativas realmente. Para mí son una clara imitación de Diane Arbus, pero no tienen su garra. Son como...
IKE: ¿Ah, sí? Bueno, la verdad es que no... no nos gustaron tanto como la... la escultura de plexiglass, eso lo reconozco. Quiero decir que...
Ike mira a Mary y a Yale.
MARY: ¿De veras te gustó la escultura de plexiglass?
IKE: ¿Tampoco te gusta?
MARY *(suspira):* Oh, es interesante. *(Habla entre dientes.)* No, yo, eh, yo ah, psé.
IKE: E... era mil veces mejor que aquel... aquel dado de acero. ¿Has visto el dado de acero?
TRACEY: Ah, sí, aquello tan raro.
Ike ríe con nerviosismo.
MARY: A mí me pareció brillante, realmente brillante.
IKE: ¿El dado de acero te pareció brillante?

MARY: Sí, para mí es... es muy estructural. ¿Entiendes lo que quiero decir? Está integrado perfectamente y posee una... una capacidad negativa, no sé, maravillosa. El resto de lo que exhiben abajo es basura.
Ike enarca una ceja.

Exterior. Calle. Día.
Un rato después. Yale, Mary, Ike y Tracey pasean.
YALE *(a Ike):* ¿Quieres que vayamos a ver la exposición de Sol Le Witts?
IKE: Claro, será divertido. *(A Tracey)* ¿Quieres ver la exposición de Sol Le Witts tú también?
MARY: Va a exponer pronto en el Museo de Arte Moder-

no, ¿sabéis? Yo tenía, bueno, que escribir un artículo sobre Sol para *Insights*. ¿Conocéis esa revista? Es, bueno, es una de esas revistas minoritarias. Quiero decir que *(ríe)* son tan papanatas los que la hacen. Se han quedado en el radicalismo de los años 30.

Mary se dirige a Tracey.

MARY: ¿A qué te dedicas, Tracey?

TRACEY: Estudio bachillerato.

MARY: Oh, ¿de veras? *(Ríe.)* ¡Vaya! Hum.

Mary mira a Yale.

MARY: Nabokov debe estar sonriendo en alguna parte, creo que ya me entiendes.

Yale mira a Ike.

YALE: A mí me parece que a Le Witts se le sobrevalora. Yo diría que podría ser candidato a nuestra pequeña Academia.

MARY: Vaya, ¿de veras? *(Ríe.)* Ah, es cierto, nosotros...

Mary y Yale hablan a la vez.

YALE: Mary y yo hemos inventado la, ejem, la Academia de los Supervalorados...

MARY *(ríe):* Sí, eso es.

YALE: ...donde hacemos ingresar a celebridades como...

MARY: Gente como, mmm...

YALE *(ríe):* Gustav Mahler.

MARY: Isak Dinesen, Carl Jung...

YALE: ...Scott Fitzgerald y, mmm... *(ríe)*

MARY: Lenny Bruce. No podemos dejar fuera a Lenny Bruce, ¿verdad?

YALE *(ríe):* Lenny Bruce.

MARY: ¿Y qué me dices de Norman Mailer, y Walt Whitman, y...

IKE: Pues a mí me parecen estupendos, todos los que habéis mencionado.

MARY: ¿Qué? ¿Cómo?

YALE *(a Mary):* ¿Cuál era aquel otro tuyo? Metiste a uno tremendo la semana pasada.

MARY: No, yo no. Fuiste tú. Era Heinrich Böll, ¿verdad?

YALE: ¡Cielos!

IKE: ¿Otro supervalorado?

YALE: En fin, habrá que hacerle un sitio a Heinrich.

Mary murmura algo entre dientes.

IKE *(cortante):* Eh, ¿qué pasa con Mozart? No podéis prescindir de Mozart, ahora que estáis en pleno ajuste de cuentas.

MARY *(ríe):* Oh, bueno, ¿Y qué tal Van Gogh *(pronuncia «Goch»)...* o Ingmar Bergman?

IKE: ¿Van Goch?

Ike mira a Tracey.

IKE: ¿Ha dicho «Van Goch»?

MARY: ¿Qué me decís de Ingmar Bergman?

IKE: ¡Van Goch!

Yale mira a Mary.

YALE *(a Mary):* Oh te... Bergman te creará problemas. *(Suspira)*

MARY: ¿Qué quieres decir?

Ike mira a Mary.

IKE: ¿Bergman? Bergman es hoy el único genio del cine, me parece a mí. Lo que quiero decir...

YALE *(a Mary):* Es un fan absoluto de Bergman, ¿sabes?

Mary mira a Ike.

MARY: ¡Oh, vamos, por favor! *(A Isaac)* ¡Dios mío, pero si sois polos opuestos! Quiero decir que tu programa de televisión es absolutamente fabuloso. Es tan brillante y divertido, tan escandinavo su punto de vista. ¡Cielos, es desolador! Todo ese tono a lo Kierkegaard, quiero decir, ¿verdad? Muy adolescente,

¿sabes?, un pesimismo de buen tono. Hablo de *El Silencio,* claro. El silencio de Dios. Vale, vale, vale, lo confieso, me encantó cuando estudiaba en Radcliffe, pero quiero decir, en fin, que ya está superado. Completamente superado.

YALE: Sí, pero no puedo prescindir de él ni de Ingmar. *(Ríe.)*

Ike mira a Tracey.

IKE *(a Tracey):* Quítala de mi vista No creo poder resistirla mucho más. Es realmente un r-rollo.

MARY: Oh, no, no, no, no, ¿no veis... no os dais cuenta de que dignificamos nuestras manías psicológicas y sexuales al adscribirlas a estas grandiosas cuestiones filosóficas? Eso es lo que pasa.

Ike carraspea. Los cuatro se detienen.

YALE: Ya estamos.

IKE: Eh, escucha, yo...

MARY: ¡Oh!

IKE *(a Mary):* Ha sido un placer conocerte.

MARY: Bien.

Ike le da la mano a Mary.

IKE: Ha sido... ha sido un placer y una..

YALE: ¡Oh!

IKE: ...experiencia inolvidable, pero hemos de irnos.

MARY: Ah, bien.

IKE: ...porque tenemos que... tenemos que hacer unas compras. Se me había ido de la cabeza.

MARY: Eh, oye. Yo no quería hablar de todas esas *(ríe)* cosas. Lo digo de veras, vamos. Soy de Filadelfia, ya sabes. Quiero decir que creemos en Dios, así que, bueno, ¿vale?

IKE: ¿Y qué demonios significa eso?

MARY: ¿El qué?

IKE: ¿Cómo el qué? ¿Qué... qué pretendes... qué quiere decir ella... qué piensas dar a entender con eso?
MARY: ¿Qué «eso»?
IKE: «Soy de Filadelfia». «Creo en Dios.» ¿Qué... qué...?
Mary ríe nerviosamente. Ike mira a Tracey.
IKE: ¿Tú entiendes algo de lo que ha dicho?
Ike mira a Mary.
IKE: Porque lo que es yo...

Interior. Pequeño supermercado. Día.
Tracey y Ike recorren el establecimiento.
IKE *(suspira)*: ¡Menudo rollo! ¿Has visto algo más inconcebible? Vamos, es una auténtica...
TRACEY: Bueno, parecía muy nerviosa.
IKE: ¿Nerviosa? Despótica, querrás decir. Algo, mm, cómo te diría, mmm, espantoso.
Ike señala su frente con un dedo.
IKE: Una esnob indecente, ya sabes. *(Suspira.)* ¿A santo de qué esa pequeña cretina de Radcliffe se atreve a ridiculizar a, bueno, Scott Fitzgerald, y a Gustav Mahler, y a Heinrich Böll?
Tracey se inclina para meter algo en la cesta que lleva.
TRACEY *(ríe)*: Tampoco hay para enfadarse tanto.
IKE: Me enfado porque me carga toda esa basura seudo-intelectual. Y además es una pedante. Van «Goch». ¿No la oíste? Dijo «Van Goch». Yo sería incapaz... ¡Si habla como los árabes! Yo sería incapaz... Si llega a decir otra tontería más sobre Bergman...
Ike enarbola un puño amenazador.
IKE: ...le hago volar las lentillas de una bofetada.

Ike y Tracey siguen caminando.
TRACEY *(ríe):* Oye, ¿no es la amante de Yale?
IKE: Eso es algo que no me cabe en la cabeza.
Tracey y Ike se paran ante un mostrador. Tracey coge una botella y una caja de chocolate y los mete en la cesta.
IKE: Vamos, tiene una mujer fantástica y prefiere perder el tiempo con esa tontaina que... que, bueno. Ah, pero... pero siempre se ha dejado encandilar por esa clase de mujeres, ya sabes, de esa clase que siempre te enreda en discusiones sobre la realidad existencial, ya sabes.
Tracey coge otra botella y la pone en la cesta.
IKE: Me figuro que se sientan en el suelo, beben vino, comen queso y confunden «alegórico» con «didáctico».

Ike suspira. Siguen caminando.
TRACEY: Bueno, a mí me da la impresión de que a Yale le gusta de veras.
IKE: Mira, yo, yo soy chapado a la antigua. No creo en las relaciones extramatrimoniales. Yo creo que la gente debe aparearse para toda la vida como los palomos, o los católicos.
TRACEY: Psé. Bueno, no sé, tal vez la gente no está hecha para tener una única relación profunda.
Tracey y Ike se detienen. Tracey pone la cesta en el mostrador, y una dependienta empieza a sacar los comestibles.
TRACEY: Quizá lo que nos va es tener varias relaciones de duración variable, ¿sabes? Quiero decir que lo otro ya está pasado de moda.
IKE: Oye, no me cuentes lo que está pasado de moda, ¿vale? Tienes diecisiete años. Tú te has criado con las drogas, la televisión y la píldora. Yo... yo... yo con la segunda guerra mundial. Estuve en las trincheras. *(Suspira.)*
TRACEY *(ríe)*: Tú tenías ocho años cuando la segunda guerra mundial.
IKE: Es verdad. Jamás estuve en las trincheras. Me pillaron justo en medio. Una posición muy dura.
Tracey ríe.
IKE: Recoge la compra, ¿quieres?

Interior. Estudio de televisión. Día.
Cámaras. El productor del programa. Gregory y Caroline Payne Whitney Smith están sentados en el plató. El presentador mira a las cámaras cuando empieza la emisión.

PRESENTADOR: Buenos días y bienvenidos a «Hola, Seres Humanos». Hoy vamos a conversar con, hum, Gregory y Caroline Payne Whitney Smith, que son íntimos amigos de la familia Carter, ¿no es así?

GREGORY: Pero somos gente muy normal, gente corriente y cargada de deudas como ustedes. *(Ríe.)*

PRESENTADOR: Con la única salvedad de que la señora Payne Whitney Smith es cataléptica. ¿Me equivoco?

GREGORY: Bueno, nosotros no la consideramos cataléptica. Digamos que más bien tranquila.

Un público ríe fuera de campo.

PRESENTADOR: Oh, eso es muy hermoso.

Interior. Cabina control TV. Día.
Paul y Dick se hallan sentados ante la mesa de control. Ike está junto a ellos, observando por la vidriera lo que ocurre en el estudio. La voz del presentador se oye por los monitores, como fondo sonoro de la conversación que sigue.

PRESENTADOR: ¡Qué gran, estupenda mujer y qué bonito ver cómo se preocupa usted por ella!

HOMBRE *(off)*. He dicho diapositiva siete. Ver diapositiva siete.

IKE: Esto es terrible, Dios mío. Esto... esto a mí me da mucha vergüenza, vamos, no sé, es tan antiséptico. No tiene nada que ver con lo que acordamos.

DICK: No, no, te equivocas, te equivocas. No es antiséptico.

IKE: Quiero decir, esto no es... esto no tiene nada...

DICK: Este... este material es muy arriesgado. Vamos a ver, ¿quién lucha...

IKE: ¿Qué le ves tú de arriesgado?
DICK: ...quién lucha aquí con la censura?
IKE: Es hueco.
HOMBRE *(off):* Diapositiva tres.
IKE: ¿Qué... qué tiene... qué tiene la censura que ver con esto? Es hueco. El texto no tiene, no tiene, no sé, ninguna garra.
Ike se sienta en la mesa transversalmente a Dick.
Paul mira a Ike.
PAUL: No, no, ¿es que no te parece agudo?
IKE: Mira, es peor que no agudo. No tiene gracia. No... no hace reír como debiera.
Dick señala uno de los monitores.
DICK: Oye, esto... esto es divertido. ¡Es divertido! ¡Divertido!
IKE: ¿Dónde le ves la diversión?
PAUL: Mira al público.
IKE: No hay un solo...
DICK: Mira... mira al público ahí.
La voz del presentador se sigue oyendo en los monitores.
IKE: ¿Tú te dejas... influir por la reacción del público? Vamos, éste es un público formado por la televisión. Su nivel intelectual ha decaído sistemáticamente con los años. Tú sabes, esa gente se sienta delante de su tele y los... los rayos gamma se les comen las células blancas del cerebro. Eh, ¿sabes?, sí, yo... me largo.
Ike se levanta, se inclina sobre la mesa para recoger la chaqueta, puesta sobre una silla.
DICK: Está bien. Ten calma. ¡Tómate un calmante! ¡Tómate un calmante!
IKE: No, no, no, no, no, me largo. No puedo seguir escribiendo esto. No puedo... no quiero calmantes.

Paul se inclina hacia adelante, mirando a Ike. El público ríe en los monitores. Ike se pone la chaqueta.
IKE: Lo que pasa, chicos, es... es, eh, habéis dejado los calmantes y... y ahora vivís de percodans y cocaína. Así, es natural que os parezca divertido.
DICK: Vamos, calma, tranquilo.
IKE: Haría lo que fuera si vosotros... si vosotros... oye, deberíais dejar el programa y poner una farmacia.
DICK: Mira...
IKE: Me largo.
DICK: Cálmate...
IKE: Adiós, muy buenas.
Ike les da a espalda y sale.
DICK: ...No hagas tonterías.

Siguen oyéndose las risas del público. En el plató, Gregory Payne Whitney Smith se levanta y se pone detrás de Caroline.

GREGORY: Mire, fíjese en esto. Lo voy a hacer sin más. Lo hemos hablado un poco. Hemos reflexionado. Pensamos...

Gregory rodea el cuello y la cabeza de Caroline con sus brazos.

PRESENTADOR: Ya. Pero no... no la vaya a desnucar, ¿eh?

GREGORY: No, no pase cuidado.

Gregory desnuca a Caroline. La suelta y vuelve a su asiento.

GREGORY: Bueno, ha salido bien.

Interior. Librería Rizzoli. Día.
No hay mucha gente en el local. Ike se apoya en una estantería.

IKE: ¿Qué he hecho? He cometido un terrible error.

Yale pone un libro en otra estantería.

YALE: Ike, déjalo estar ya, ¿quieres? Es la primera cosa inteligente que has hecho en beneficio tuyo.

Yale se dirige hacia otra estantería.

IKE: Lo que he hecho es joderme yo mismo.

Camina en dirección a Yale.

IKE: ¿Sabes? Durante treinta segundos me sentí un héroe. Y luego... estoy ahora metido en el desempleo hasta el cuello.

YALE: Si te hace falta dinero, yo puedo ayudarte.

IKE: No se trata de eso. Dinero, ¿qué tiene que ver el dinero...? Tengo para ir tirando un año. Si... si, bueno, si vivo como el Mahatma Gandhi, no hay problema. Mi contable me dice que he elegido un momento fatal. Mis acciones están en baja. Ando, eh, a-ando bajo de dinero contante. No afluye el metálico. Tengo poco líquido o,... Bueno, que la cosa no fluye. Yo ya lo sabía. Pero estos individuos te lo explican con unas palabras tan raras.

Yale mira a Ike.

YALE: Ya lo hemos discutido otras veces. Mira, en esta ciudad, es difícil vivir sin unos buenos ingresos.

IKE: Sí, además, tengo que pasarle dinero a mis dos mujeres y tengo que pagar la manutención del niño, y tengo... que reducir gastos, ya sabes. Tendré que dejar el apartamento, no podré seguir con las lecciones de tenis, adiós, hum, invitar a nadie a cenar, ¿sabes? Y desde luego imposible alquilar la... la casa de Southampton.

Yale se endereza y echa a andar.

YALE *(suspira):* Oh.

IKE: En fin, no sé... *(Sigue a Yale.)* Además, probablemente tendré que darle menos dinero a mis padres. Esto a mi padre lo va a matar, ¿sabes? Ahora no podrá... no podrá ocupar un sitio tan bueno en la sinagoga.

Yale suspira.

IKE: Este año tendrá que sentarse atrás, lejos de Dios, lejos del festejo.

YALE *(ríe):* ¿Y qué pasa con Tracey? ¿Le has dicho algo?

IKE: Oh, bueno, esto es... yo, en fin, tengo que salir de esta situación. Ella... ella es muy joven. ¿Qué voy a...? Yo *(suspira)*... es ridículo, ¿sabes?

Ike se vuelve hacia Yale.

IKE: Vamos, yo, en fin *(suspira)* ¿qué... qué pasará si termina el año y, bueno, mi libro no sale?

YALE: Escucha, tu libro saldrá. Tu libro será estupendo. Mira, lo peor que te puede ocurrir es que aprendas algo acerca de ti mismo, ¿no es cierto?
Yale pone sus manos sobre los hombros de Ike.
YALE: Óyeme bien. Estoy realmente orgulloso de ti. Verás, has dado un gran paso.

Exterior. Jardín con esculturas en el Museo de Arte Moderno. Noche.
Bella Abzug, en mitad de una numerosa concurrencia, habla por un micrófono.
BELLA ABZUG: Estoy encantada de vuestra presencia... y la generosidad del Museo de Arte Moderno. Una buena prueba de la solidez de la Enmienda de la Igualdad de Derechos es que muchos de ustedes, que jamás lo habían hecho antes, se han puesto corbata.
La gente ríe y aplaude.
BELLA ABZUG: Se lo agradecemos. Les necesitábamos y han acudido. Y ahora, basta de discursos, y diviértanse.
La concurrencia vuelve a aplaudir. Murmullo de conversaciones. Ike se acerca a Jerry, Mary, Dennis y Helen. Jerry le tiende la mano.
JERRY: Ike, me alegro de verte.
IKE: Hola, ¿qué haces aquí? Te felicito por tu libro. Me pareció fantástico.
JERRY: Ah, gracias.
IKE: Absolutamente fantástico.
JERRY: Gracias. Muchas gracias.
IKE: Me alegra mucho verte.
Jerry se vuelve a los demás.

JERRY: Escuchad, gente. Quiero presentaros a mi amigo, Isaac Davis.
Ike se dirige a Helen.
IKE: Hola, ¿qué tal?
HELEN: Hola, mucho gusto.
MARY *(para sí):* ¿Isaac Davis?
Helen e Isaac se estrechan la mano.
HELEN: Hola, Isaac.
IKE: Isaac Davis. Hola.
MARY: Isaac, hola. Hola, ¿qué...? *(Ríe.)*
Ike se vuelve hacia Mary y se dan la mano.
IKE *(ríe):* Hola, ¿qué... qué haces aquí?
MARY: Bueno, pues estoy aquí, claro, estoy aquí, ¿lo dices en broma?

IKE: Qué divertida coinci...
Ike mira a Dennis, el acompañante de Mary, un joven guionista cinematográfico.
IKE: Ah, disculpe, Isaac Davis.
DENNIS: Hola.
Se dan la mano.
IKE: Hola, ¿qué tal? Ya la conocía. Nos conocíamos.
MARY: Sí.
DENNIS: ¿La conocía usted?
Ike mira a Dennis.
IKE: Nos conocemos.
MARY: Qué divertido.
DENNIS: Lo... lo siento.
MARY *(ríe):* No, no.
IKE *(ríe también):* No, no, si no pasa nada.
Jerry mira a Ike.
JERRY *(risita):* Me han dicho que tú, bueno, que dejaste tu empleo.
IKE: Ah, sí, un auténtico impulso autodestructivo.
Jerry ríe. Polly se suma al grupo.
IKE: Ya sabes, quería escribir un libro, así que... así que... *(Suspira.)* ¿No... no ha leído nadie que los nazis van a manifestarse en Nueva Jersey?
Helen y Polly se dan la mano.
IKE: Yo lo he leído en el periódico. Deberíamos ir allí, reunir a unos cuantos amigos, coger ladrillos y bates de béisbol y *(enarbola el puño)* explicarles por dónde andan las cosas.
JERRY: Había un artículo satírico sobre eso en la primera página del *Times*. Era demoledor.
IKE: Bueno, un artículo satírico en el *Times* es algo, pero ladrillos y bates de béisbol son lo realmente apropiado para este caso.

HELEN: Ah, pero una sátira realmente mordaz es siempre mejor que la fuerza bruta.

Ike mira a Helen.

IKE: Pero la fuerza bruta siempre es mejor con los nazis, mm, porque es difícil burlarse de un individuo que, mm, que lleva botas relucientes.

HELEN: Oh, le echas mucho apasionamiento, ya veo, pero...

Dennis mira a Ike.

DENNIS: Perdone...

IKE: Si... si no pasa nada.

DENNIS: ...estábamos hablando de orgasmos.

Mary se pone tensa, luego se echa a reír. Todos hablan a la vez.

MARY: Oh, no, espera, por favor, no.

IKE: ¿Oh, de veras? Lo siento. No quería...

DENNIS: ¿De veras?

MARY: Dame una oportunidad, Dennis.

DENNIS: Bueno, en eso estábamos.

MARY: No, yo soy de Filadelfia. Nunca hablamos de esas cosas en público.

IKE *(ríe):* Sí, ya lo dijiste el otro día.

DENNIS: Yo, eh...

Mary ríe.

IKE: No sabía entonces qué demonios querías decir. *(Ríe.)*

Dennis se encara con Ike.

DENNIS: Estoy a punto de dirigir una película.

IKE: Ajá.

DENNIS: ...eh, sobre un guión mío y, hum... El tema es sobre un tipo que jode tan bien...

IKE: ¿Jode tan bien?

DENNIS: ...jode tan bien que, cuando... provoca el orgasmo en una mujer, la deja tan satisfecha... que ella se muere, ¿eh? Entonces, hay una... *(mira a Mary)...* perdona, *(se vuelve al grupo)* a la que esto le parece muy hostil.

MARY: ¿Quién? ¿Esta mujer? ¿Hostil?... Dios mío, es peor que hostil. Es agresivo, homicida.

DENNIS: Te pido...

IKE: ¿Muere ella?

MARY *(ríe nerviosa):* Tienes... tienes que perdonar a Dennis.

DENNIS: Igual no quiere.

MARY: Salió de Harvard directo a Beverly Hills.

IKE *(a Dennis):* ¿Conque vienes de allí?

DENNIS *(asiente):* Síí.

MARY: Es, mm...

IKE: ¿Conque vienes de allí?

Dennis asiente otra vez con la cabeza.

MARY: Es Theodor Reik con un toque de Charles Manson.

DENNIS: Sí, eso es.

POLLY *(mira a Ike):* Yo, bueno, tuve finalmente un orgasmo, pero mi médico me dijo que no era el adecuado.

IKE: Ya. ¿No era el adecuado? Oh, ¿de veras? Yo nunca los he tenido así...

POLLY: Eso parece.

IKE: ...jamás, nunca. El peor fue el más oportuno.

POLLY: Oh, ¿de veras?

Exterior. Calle. Noche.
Un taxi se para y baja Ike. Mira al interior del vehículo, donde están Dennis y los demás, mientras Mary baja.

IKE: Buenas noches. Encantado de conocerte.
DENNIS: Lo mismo digo.
IKE: Me lo he pasado muy bien.
MARY: Adiós, adiós.
DENNIS: Adiós.
Mary cierra la puerta del taxi.
IKE: Adiós.
DENNIS: Adiós, adiós.
HELEN: Adiós.
El taxi se aleja. Ike y Mary van caminando.
IKE: ¡Oh! *(Suspira).* Tienes un grupo de amigos muy interesante.
MARY: Sí, lo sé.
IKE: Parece que hayan salido de una película de Fellini.
MARY: Son tan divertidos. Son una gente estupenda, y Helen es realmente una buena amiga. Es una mujer muy inteligente, ¿sabes?
IKE: Mm-mm. ¿Ah, sí?
MARY: Tiene auténtico genio.
IKE: Mm-mm.
MARY: La conocí a través de mi ex marido, Jeremiah.
IKE: Ya, ¿y cómo es que os divorciasteis? Bueno, yo, esto es algo que yo nunca...
Los dos cruzan la calle.
MARY: No te entiendo.
IKE: ...ya sabes...
MARY: ¿Quieres decir cómo llegamos a divorciarnos? Oh...
IKE: ¿Y bien?
MARY: ¿...Qué clase de pregunta es ésta? Si yo apenas te conozco.
IKE: No, no tienes que contármelo si tú no... Era simple curiosidad, ¿sabes?

MARY: Oh, bueno, yo... tuvimos muchos problemas. Nos peleábamos con frecuencia, y yo *(suspira)*... yo me cansé de ver mi identidad anulada por un hombre tan brillante, dominador...

IKE: Mm-mm.

MARY: ...porque es un genio.

IKE: Muy bien, era un genio, y Helen es un genio, y Dennis es un genio. Conoces a un montón de genios, ¿sabes? Deberías relacionarte con gente estúpida de vez en cuando. Podrías aprender algo.

MARY: Bueno, vale, y ahora dime, ¿por qué te divorciaste tú?

IKE: ¿Por qué?

MARY: Sí.

IKE: Me divorcié porque mi ex mujer me abandonó por otra mujer. ¿Vale?

MARY: ¿De veras?

IKE *(asiente):* Mm-mm.

MARY: Dios mío, eso debió de ser realmente desmoralizador.

IKE *(se encoge de hombros):* Psé. Bueno, no sé, creo que lo encajé bastante bien, dadas las circunstancias.

MARY: ¡Vaya!

IKE: Intenté atropellarlas a las dos con mi coche.

MARY: Me lo imagino. Quiero decir, que es una increíble humillación sexual. Bastaría para que dejen de gustarte las mujeres.

IKE: Bueno...

MARY: Y creo que eso explica lo de la niña.

IKE: Ya. Oye, la niña es estupenda. ¡Cielos!... ¿Qué... qué tiene que ver la niña?

MARY: Oh, claro, te comprendo, créeme.

La bocina de un coche se oye al fondo.

MARY: Con dieciséis años no puede ser una amenaza.

IKE: Ah-ah, tiene diecisiete. Va a cumplir diecio... Oye, a veces tienes una personalidad pervertida, Mary.

MARY: Mira, soy sincera. ¿Qué quieres? Digo lo que pienso. Y, si no lo puedes soportar, pues bueno, te jodes.

IKE: Y me gusta también tu modo de decir las cosas.

Mary se echa a reír.

IKE: ¿Sabes? Es expresivo, aunque un poco depravado. ¿Sales con muchos hombres? Me parece que no.

MARY: Bueno, pues sí. La verdad... ahora sí. Oh, no te lo vas a creer, pero nunca me consideré guapa. Y además, ¿qué quiere decir eso? Vamos, me fastidia ser guapa. Y además es todo tan subjetivo.

IKE: ¿Tú crees?

MARY: Quiero decir, hasta los hombres más inteligentes pierden el seso ante una cara hermosa. En cuanto te metes en el catre, por poco condescendiente que seas, se muestran tan agradecidos.
Los dos caminan por la acera.
IKE: Sí, también yo lo agradezco...
MARY: Ah.
IKE: ...¿Sabes?
MARY: ¿Tienes hijos o algo por el estilo?
IKE: Yo, sí, tengo un chico al que...
MARY: ¿De veras?
IKE: ...educan dos mujeres en este momento.
MARY: Oh, bueno, verás, yo creo que eso da buenos resultados. Eh, hicieron unos estudios que leí en una revista trimestral de psicoanálisis. El hombre no hace ninguna falta. Quiero decir, dos madres es estupendo, absolutamente estupendo.
IKE: ¿Ah, sí? Tenía la impresión de que sólo muy pocos sobreviven a una madre.
MARY: ¡Oh! Bueno, oye. Tengo que sacar al perro. ¿Quieres esperarme? He de sacarlo a pasear. ¿Tienes... tienes prisa?
IKE: Oh, no, no, claro. ¿De qué... qué raza es tu perro?
MARY *(ríe):* De la peor.
IKE: ¿De veras?
MARY: Es un dachshund.
IKE: Oh, ¿de veras?
Los dos se detienen.
MARY: Para mí, es un sustitutivo del pene, ¿sabes?
Ike se rasca la barbilla, enarcando una ceja.
IKE: Ah, en tu caso creo que te iría mejor un danés.
MARY: ¿Tú crees? ¡Oh! *(Ríe).*

Exterior. Calle próxima al apartamento de Mary. Más tarde esa noche.
Ike y Mary. Ella lleva a Waffles, *su perro, sujeto con una corta correa. Se dirigen hacia la esquina y cruzan la calle.*

Interior. Cafetería pequeña. Más tarde esa noche.
El hombre de la parrilla pone dos hamburguesas en una bandeja para llevar.
IKE *(off):* ¿Va en serio lo tuyo con Yale, o no?
MARY *(off):* ¿Serio?
Ike y Mary están junto al mostrador. Mary sujeta al perro.
IKE *(asiente):* Mm-mm.
MARY *(se encoge de hombros):* ¡Oh, sí! Bueno, verás, está casado. *(Ríe).* Ah...
IKE *(se encoge de hombros):* Sí, ¿y qué?
MARY: ...No lo sé, Creo que... *(suspira)* creo que debería poner un poco de orden en mi vida, ¿no? Bueno, verás, Donny, mi analista, me dice siempre...
IKE: ¿Le llamas Donny a tu analista?
MARY *(ríe):* Sí, le llamo Donny.
IKE: ¿Tú llamas Donny a tu analista?
MARY: Sí.
IKE: Yo al mío lo llamo Doctor Chomsky... ¿sabes?
MARY: Ah, vaya.
Ike levanta y baja la mano, como si le pegara a alguien con una regla.
IKE: Sí, y, bueno, me pega con una regla.
Mary suelta una carcajada.
IKE: ¿Donny? Eso es... un nombre de pila.
MARY: En fin, me dice Donny que me veo envuelta en es-

tas situaciones y que es deliberado por mi parte, ¿sabes? Vamos, so... sobre todo con mi ex marido, Jeremiah. Verás, bueno, yo... yo era alumna suya y, mm...

IKE: ¿De verdad, lo dices en serio? ¿Te casaste con tu... tu profesor?

MARY: Sí, sí, claro, verás...

IKE: Esto es muy... muy, ah...

MARY: Muy bien, escucha esto, me suspendió y yo me enamoré de él. Fue perfecto, ¿no crees?

IKE: Bueno, perfecto, sí, eso es, sí, creo que sí.

MARY: Bueno, verás, yo me acostaba con él y tuvo el valor de ponerme un suspenso. Como suena.

IKE: ¿De veras?

MARY: Sí, de veras.

IKE: ¿En serio? Sin darte otra oportunidad, ¿verdad? ¿Te cateó sin más? *(Suspira).*

MARY *(Ríe):* ¿Sabes? Tienes un gran sentido del humor. Ya lo creo que sí.

IKE: Ah, ah, gracias, gracias. No hace falta que me lo digas, ¿sabes?

Mary ríe.

IKE: He ganado, sí, no, he ganado una buena cantidad de dinero gracias a él durante años...

MARY: ¡Oh!

IKE: ...hasta que dejé mi trabajo para escribir ese libro.

Ike mete la mano en el bolsillo.

IKE: Y ahora estoy muy... muy preocupado por eso, ¿sabes?

MARY: Mm-mm. ¡Oh!

El hombre pone una bolsa sobre el mostrador.

IKE: Pero ahora, ¿sabes?, soy...

MARY: Oye, ¿quieres...?

Ike paga.

MARY: No tienes por qué pagar tú, caramba.

IKE: Oh, no importa.

MARY *(ríe):* No, no, lo digo en serio. ¿Quieres dar un paseo junto al río? Podríamos...

IKE: ¿Sabes qué hora es?

MARY: ¿Y qué tiene que ver la hora?

IKE: Bueno, es que si no duermo por lo menos dieciséis horas, me quedo sonado.

Ike coge la bolsa.

MARY *(suspira):* Oh, bueno, me habría gustado que me hablaras de tu libro. Yo... yo... de veras que me gustaría, ¿sabes? Soy... soy muy buena periodista.

IKE: ¿Ah, sí?

MARY *(asiente):* Ajá.

Mary y Ike se dirigen hacia la puerta.

IKE: Bueno, mi libro trata sobre los valores en decadencia... Verás, resulta que, hace tres años, escribí un cuento sobre mi madre, que se titulaba «La sionista castradora». Y, ah, quiero convertirlo en una novela.

MARY: Me parece muy bien.

IKE: Podría pasarme la noche entera hablando del libro, ¿sabes?

Exterior. Puente calle 59. Amanecer.
Mary y Ike están sentados, de espaldas a la cámara, en un banco, mirando al río. El perro está tumbado en el suelo.

MARY: ¿Verdad que es precioso, Ike?

IKE: Sí, es tan... tan bonito realmente cuando asoman las primeras luces.

MARY: Sí, ya lo creo. Me encanta.

IKE: Vaya...

MARY: Hm.

IKE *(suspira):* ...ésta es realmente una gran ciudad. No me importa lo que digan los demás. Es tan... la verdad es que es algo definitivo, ¿no te parece? Es...
MARY *(suspira):* Sí. Creo que debo irme ya. Tengo una cita con Yale más tarde para almorzar. *(Suspira.)*
Se levantan del banco y se van.
IKE *(suspira):* Hm.

Interior. Dormitorio de Yale. Mañana.
Yale está acostado en la cama, apoyado en un codo para sostener el auricular del teléfono junto al oído.
YALE *(al teléfono):* Ah, hola. *(Tose.)* No, no, no, estoy despierto.

Se inclina sobre la mesita de noche para coger el reloj de pulsera. Mira la hora.

YALE: Dios mío, ¿qué te... qué te pasa? Son las siete y cuarto.

Devuelve el reloj a la mesita de noche.

YALE: Oh, sí. ¿De veras? ¿La viste... en el museo? Ya, bueno, se, se mueve mucho entre las feministas.

Entra Emily y camina alrededor de la cama.

YALE: Ah, así... ¿así que vas a buscar a-apartamento con Tracey?

Emily coge el periódico.

YALE: Ya, bueno, algo encontraréis, ¿sabes?

Yale levanta la vista hacia Emily.

YALE *(a Emily):* Es Isaac.

Emily sale.

YALE *(al teléfono):* Sí, no creo que tengas problemas. Sí, bueno, *(suspira)* ya sabía yo que te parecería una mujer fantástica en cuanto la conocieras un poco, ¿verdad?

Exterior. Cabina telefónica. Mañana.

Ike está de pie en una de las cabinas, con el auricular pegado al oído.

IKE *(al teléfono):* ¿Y... y sigues, sigues sintiendo lo mismo por ella? ¿Todavía te gusta tanto? Porque hacía tiempo que no me lo comentabas. Así que...

Ike aleja el auricular de su oído con una mueca.

IKE: ...ya... mm-mm, sí.

Menea la cabeza maliciosamente antes de pegar otra vez el oído al auricular.

IKE: Ya. Mm-mm. *(Asiente).* Muy bien. No, ya lo sé. Es estupenda, sí, estupenda. Bueno, eh... no, hoy debo buscar apartamento, porque necesito algo más barato. No puedo seguir viviendo *(suspira)*, ya sabes, sí, donde vivo, es que... sí. *(Asiente)*.

Interior. Almacenes Bloomingdale's. Día.
Gente en las escaleras automáticas. Mary y Yale están en la sección de perfumería. Mary le tiende un frasco de colonia a la dependienta. Saca luego un billetero del bolsillo de su chaqueta, lo abre y coge una tarjeta de crédito.
YALE: Isaac es fantástico, ¿verdad?
MARY: Oh, sí.
YALE: Me dijo que lo pasó muy bien contigo.
MARY: ¿De veras?
YALE: Mm-hm.
Mary entrega la tarjeta de crédito a la dependienta.
MARY: Me alegro. Es curioso, porque siempre he tenido la impresión de que se siente incómodo conmigo.
YALE: Oh, vamos.
La dependienta se aleja. Mary recoge el billetero y se acerca a Yale. Él le coge una mano.
YALE *(ríe):* Te he echado tanto de menos.
MARY: Oh, Yale.
YALE: Ha sido terrible.
MARY: Pero esto es... es ridículo. Tú estás casado. Yo no puedo... Escúchame, empiezo a hablar como una de esas mujeres. Yo, eso me pone furiosa. No lo puedo soportar.
YALE: Mira, ¿quieres que me vaya de casa?
MARY: ¡No! Oh, no, no quiero... no quiero que hagas eso. No quiero destruir ningún matrimonio. Además, yo, la verdad... no busco ninguna gran complicación en lo nuestro. Sólo que... yo no *(suspira)*. ¡Es un dis-

parate! ¡Es una locura! Pienso en ti cuando tú no estás conmigo. *(Suspira otra vez.)*
YALE *(sonríe):* Bueno, ¿y qué quieres que haga?
MARY: Nada. No lo sé. La verdad es que no lo sé. En fin... creo que debería salir con alguien que no estuviera casado.
Yale intenta besar a Mary.
YALE: Dios mío, eres tan hermosa.
MARY: Oh, Yale, basta ya.
YALE: Me estás volviendo loco.
MARY: Por favor, basta. Nos va a ver todo el mundo.
Yale se echa a reír.
MARY: ¿Es que no te importa? Oh, se me olvidó contártelo. Creo que conseguiré una entrevista con Borges.

Ya... ya te conté que le conocí cuando estuvo aquí. Y parece que se encuentra muy a gusto conmigo.

YALE: Vámonos a alguna parte donde podamos hacer el amor.

MARY *(ríe):* ¿Qué dices? Ahora no.

Yale ríe. La dependienta regresa y le tiende a Mary el resguardo de la compra a crédito y un bolígrafo. Mary firma el resguardo.

MARY: Ahora no, por el amor de Dios. Además, tienes... tienes una clase dentro de una hora. Tus alumnos se enterarían. Cómo no iban a darse cuenta con esa... esa sonrisa en tu cara.

Devuelve el resguardo y el bolígrafo a la dependienta.

YALE: Pero yo no quiero ir a tu casa, porque no soporto al perro...

MARY *(suspira):* Oh.

Le indica que se esté quieto.

MARY: Ssh. Bueno, ¿pero es que no puedes...?

YALE: ...y el teléfono no para de sonar.

La dependienta le entrega a Mary la copia del resguardo y el paquete.

MARY *(a la dependienta):* Gracias.

Yale la rodea con su brazo mientras caminan por los almacenes.

MARY: ¿Quieres dejarme? ¿Por qué tu amor hacia mí tiene siempre que expresarse sexualmente? ¿Y los valores como la emoción y el contacto espiritual? Vamos a un hotel, ¿vale? Dios mío *(ríe)*, ¡qué fácil soy de convencer!

Interior. Apartamento de Jill. Día.
Connie, la compañera lesbiana de Jill, abre la puerta.

CONNIE: Ah, hola, Isaac.
IKE: Hola, ¿está listo Willie?
CONNIE: Sí, pasa.
Se mete dentro. Ike pasa y cierra la puerta tras él. Ike sigue a Connie, que desaparece en el living.
JILL *(off):* Bajará enseguida.
CONNIE *(off):* ¿Qué tal te va, Ike?
IKE: Bien. ¿Y a ti?
CONNIE *(off):* Fantástico.
IKE: ¿Ah, sí?
CONNIE *(off):* Sí, he podido trabajar mucho. Las cosas van realmente bien.
Jill aparece en la zona que sirve de comedor.
JILL: ¿Te apetece un café u otra cosa?
IKE *(off):* Eh, no. ¿Cómo está Willie?
Jill limpia la mesa. Connie la ayuda.
JILL: Willie está muy bien. Empieza a revelar un auténtico talento para el dibujo.
IKE *(off):* Ya. ¿De dónde... dónde lo habrá heredado? Porque tú no sabes dibujar, ni yo tampoco.
CONNIE: Yo sí sé dibujar.
IKE: Sí, pero no puede decirse que lo hayas engendrado tú.
Baja la vista. Jill cierra la puerta de la despensa con llave. Se reúne con Connie en el comedor.
JILL: Me gustaría que te llevaras a Willie el fin de semana del dieciséis, porque Connie y yo pensamos irnos a las Barbados.
IKE *(levanta la vista):* Vale, déjame hacerte una pregunta. ¿Piensas todavía en escribir ese estúpido libro? ¿Va en serio?
JILL *(off):* Muy en serio. Es un libro honrado y no tienes nada de qué avergonzarte.

CONNIE *(off, discretamente)*: Disculpadme.
Jill continua sacando platos de la mesa. Ike la sigue.
IKE: ¿Podría... podría hablar contigo un momento? *(A Connie)*: ¿Nos perdonas un momento?
Connie se va al piso de arriba. Jill se mete en la cocina. Ike se queda en la puerta.
IKE: Déjame preguntarte una cosa. Hay algo que sigo sin comprender.
Jill sale de la cocina, por delante de Ike. Se pone a limpiar la mesa del comedor. Ike la sigue hasta la mesa.
JILL: Tengo prisa.
IKE: ¿Qué... qué demo...? ¿Adónde... adónde vas? Cada vez que vengo, me siento incapaz de comprender cómo es posible que la prefieras a mí. Quiero decir...
JILL: ¿No eres capaz de comprender eso?
IKE: No, no, es un misterio para mí.
Jill se lleva salvamanteles, mantequilla y mermelada a la cocina. Ike la sigue. Jill vuelve al comedor, pasando por delante de Ike.
JILL: Bueno, ya sabías mi historia cuando te casaste conmigo.
IKE: Sí, claro, mi analista me previno, pero eras tan hermosa que... que cambié de analista.
JILL *(suspira)*: ¿No crees que podríamos ser amigos?
IKE: ¿Vas a explicar todos los detalles en el libro? ¿Vas a contarlo todo...?
JILL: No, no pienso extenderme sobre el episodio en el que intentaste atropellarla con el coche.
IKE: ¿Que yo... que yo intenté... que yo intenté atropellarla con el coche? ¿De qué hablas?
JILL: Te lo acabo de decir.
IKE: Era de noche, muy tarde. Yo... tú sabes que yo no conduzco bien.

Jill va hacia el armario, seguida por Ike.
IKE: Llovía. Estaba... estaba oscuro.
Jill saca un tapete y lo sacude, mientras mira a Ike.
JILL: ¿Y qué hacías escondido cerca de la cabaña?
Jill sale.
IKE: Os espiaba a las dos, porque sabía lo que estaba ocurriendo dentro.
JILL *(off):* Por supuesto.
IKE: Te estabas... te estabas enamorando.
Jill pasa otra vez por delante de Ike en dirección al armario. Coge tres candeleros que hay en un estante. Los lleva a la mesa, seguida por Ike.
JILL *(suspira):* ¿Y por eso tenías que atropellarla con el coche?
IKE: ¿Tengo yo cara de atropellar a alguien con un coche?
Jill suspira.
IKE: ¡No sabes lo despacio que iba!
JILL: No tanto, porque te llevaste por delante el porche de la cabaña.
Ike señala por encima del hombro.
IKE: Llama al niño. No puedo... Llama al niño, porque no quiero pelearme contigo cada vez que vengo aquí.

Exterior. Apartamento de Jill. Día.
Se abre la puerta de la calle y sale Willie, seguido por Ike. El niño lleva una pelota de básket. Ike cierra la puerta. Willie y él juegan con la pelota mientras corren por la acera.

Interior/exterior. F.A.O. Schwartz. Día.

A través del escaparate se ve a Ike y a Willie, que miran los barcos de juguete expuestos. Willie señala a uno de ellos, muy grande.
WILLIE: ¡Mira aquél!
IKE *(sacude la cabeza):* No.
Willie señala otra vez al barco grande.
WILLIE: Quiero aquél.
Ike señala otro más pequeño. Dice algo entre dientes. Willie señala el barco grande.
WILLIE: No, quiero aquél.
Ike señala el barco más pequeño.
IKE: ¡No, he dicho que éste!
Willie señala el barco grande.
WILLIE: No, quiero aquél.
Ike señala el barco pequeño, luego le da a Willie un golpe en la cabeza y vuelve a señalar el barco pequeño.
IKE: ...He dicho éste...
Willie señala el barco grande.
WILLIE: Quiero aquél.
Willie entra en la tienda. Ike saca dinero del bolsillo del pantalón y mira el barco grande. Diciendo algo entre dientes, se mete en la tienda a su vez.

Interior. Salón de té ruso. Día.
Willie y Ike hacen cola, junto a dos modelos y a una tercera mujer. Esperan a que el maître *les indique su mesa. El* maître *le tiende a Ike una chaqueta, sin la cual no se admiten clientes en el establecimiento; él se la pone.*
IKE *(a Willie):* Menuda estupidez, ¿sabes?
WILLIE: Estás cómico con esa chaqueta.
IKE: Lo sé, lo sé. Esperaba que la tela fuera más elegante, pero... Qué barbaridad, ¿no te parece?

Ike pone sus manos sobre los hombros de Willie.
IKE: ¿Así que me has echado de menos?
WILLIE: Sí, ¿y tú me has echado de menos?
IKE: Claro que te he echado de menos. Yo te quiero mucho. Por eso yo... por eso yo siempre vengo a buscarte, ¿sabes?
MODELO *(al camarero):* Ah, está bien.
El maître coge dos menús y acompaña a las dos modelos a una mesa.
WILLIE: ¿Por qué no podemos tomar fránkfurts?
IKE: Porque esto es un salón de té ruso. Vamos, ¿no quieres comerte un blintz o algo así? Además los fránkfurts producen cáncer.
Ike señala a las dos modelos.
IKE: Oye, ¿no ves a aquellas dos mujeres de allí? Aquí vienen a comer mujeres muy guapas. ¿Sabes? Podríamos... podríamos tener mucho éxito. Creo que hubiéramos ligado con esas dos, si llegas a ser más rápido. Lo digo en serio. Creo que a la morena le gustaste.

Interior. Apartamento de Mary. Día.
Mary coge el auricular del teléfono.
MARY *(suspira):* Oh, vaya. Le llamaré. *(Suspira de nuevo.)*
El perro ladra. Mary vacila, luego marca un número. Se acerca a una silla y se sienta.
MARY *(al teléfono):* ¿Yale? Hola, perdona que te llame. Bueno, no, no, nada... no ocurre nada.
Se mete un pitillo sin encender en la boca.
MARY: Yo... Bueno, no sé. Se me ocurrió, ¿sabes?, es...

Enciende una cerilla.
MARY: ...es domingo y *(suspira)* pensé que si tú puedes, eh, salir, podríamos dar un paseo o...
Enciende el pitillo, tira la cerilla y aspira una bocanada de humo.
MARY: ...Hum... Oh, es verdad, me lo dijiste. Bueno, *(suspira)*, bueno, vale, sólo quería probar. Sí. Sí. Bien, no te entretengo. Vale. *(Risita.)* Adiós.
Se levanta de la silla y cuelga el teléfono.

Interior. Apartamento/jardín de Ike. Día.
Ike está sentado en una silla, leyendo el periódico. Suena el teléfono y descuelga el auricular.
IKE *(al teléfono):* ¿Diga? Ah, hola. Hola, ¿cómo estás? No, no, nada de particular. Estaba... estaba sentado aquí mirando el, ah, el dominical. Eh, no, no, no, *(ríe)* no, no, no leía el artículo sobre las masas anónimas de China. Estaba... estaba mirando los anuncios de lencería. Sí, no puedo dejar de mirarlos. Son realmente eróticos.

Interior. Apartamento/patio de Mary. Día.
Mary está apoyada en el umbral, mirando al exterior. Sostiene el teléfono, con el auricular sujeto entre la barbilla y el hombro.
MARY *(al teléfono):* ¿Te apetece dar un paseo? Bueno, oh, no sé. Verás, necesito salir. Me estoy volviendo *(ríe)* loca aquí dentro, y Yale está con los padres de Emily. Bueno... hace un día tan bonito.
Se oye el fragor de un trueno.

Exterior. Central Park. Día.
Ike y Mary pasean por un sendero del parque, cuando estalla la tormenta. Corren en busca de un refugio.
IKE: Corre, es una tormenta eléctrica. ¿Quieres acabar en un cenicero?
MARY: Hacía un día magnífico.
IKE: Sí, maravilloso.
Se oyen más truenos.
IKE: Dios mío, juraría que el rascacielos Chrysler ha saltado en pedazos.
Siguen corriendo. Otras personas corren también. Empieza a llover.
MARY: ¡Oh, no! Los truenos me dan terror.
IKE: Vamos, corre.
Mary le da a Ike el periódico que llevaba.
MARY: Toma.
IKE: Sí, tampoco son mi ruido favorito.
Ike y Mary se cubren la cabeza con el periódico.
MARY: ¡Ay, Dios mío! ¿Sabes que cada año mueren una o dos personas en las tormentas de Central Park?
IKE: Ya, ya, ¿por qué ahora no echo a correr y lo comentamos durante la semana?

Exterior. Planetárium/calle. Día.
Relámpagos y truenos. Ike y Mary, refugiados bajo un periódico, suben corriendo los peldaños que conducen a la entrada del Planetárium. En las puertas está escrito: HAYDEN PLANETARIUM. *Desaparecen en el interior del edificio junto con otras personas.*

Interior. Planetárium. Día.
Ike y Mary, empapados, salen de detrás de un meteorito.
IKE: Santo...
Mary se echa a reír.
IKE: ...cielo, estoy hecho una sopa. ¡Qué horror!
MARY *(ríe):* ¿Sabes? Estás tan ridículo...
IKE: Oh, la próxima vez que quieras dar un paseo en domingo, llama a otro.
MARY *(ríe):* Eh, oye, nunca había visto a nadie enfadarse tanto por un poco de lluvia, unas simples gotas de agua.
Ike sigue a Mary hasta una papelera. Mary tira el periódico mojado.
IKE: El agua es lo de menos. Me asusta la electricidad. No quiero que me fría un rayo. Me... me convertiría en uno de esos individuos que venden cómics delante de Bloomingdale's.
Se paran junto a una fotografía que muestra una nebulosa.
MARY *(suspira):* ¿Qué te parece? ¿Crees que estoy horrible? Anda, dime.
Ike mira a Mary, pero hay muy poca luz.
IKE: Déjame ver.
MARY: Bueno... ¿cómo estoy?
IKE: No veo nada.
MARY *(ríe):* Tendrías que ver la cara que pones.
Sin dejar de reír, mira al exterior.
IKE: No estás nada mal, la verdad sea dicha. Eres bastante guapa.
Se alejan.

Interior. Planetárium/Exposición lunar. Día.

Ike y Mary salen de detrás de una luna enorme.
MARY: Estoy muy disgustada con Yale, ¿sabes?
IKE: ¿Por qué?
MARY: Teníamos que vernos hoy y luego me dejó plantada. Había sacado entradas para el concierto de Vivaldi de ayer por la noche, y tampoco pudo ir, claro.
IKE: Bueno, ya sabes, esas cosas pasan cuando estás...
MARY: Ya lo sé, cuando tienes una aventura con un hombre casado. Qué forma más antipática de decirlo.
Ike y Mary se hallan de pie en mitad de un paisaje lunar. Mary sigue a Ike.
MARY: Mi marido tuvo... no, mi ex marido tuvo una aventura durante nuestro matrimonio. Y yo nunca...
Ike se detiene para mirar a Mary.
IKE: Oh, ¿de veras?
MARY: Sí, ya lo creo, por lo menos una que yo sepa. Pero nunca dije nada porque *(suspira)* me consideré de algún modo insuficiente, que no resultaba en la cama, o que yo no era lo bastante inteligente, que era *(suspira)* poco atractiva físicamente. Pero te diré una cosa. Al final, resultó que él era un gusano.
IKE: Ya, comprendo, un gusano intelectual.
MARY: Era tan brillante, Dios mío.
Los dos se detienen y se miran.
MARY: Yo estaba loca por él. Me descubrió mi sexualidad. Me lo enseñó todo. Las mujeres le consideraban arrollador.
Siguen caminando y se paran ante un saturno rodeado por un anillo.
MARY: Oh, mira, ahí está Saturno. Saturno es el sexto planeta a partir del Sol. ¿Cuántos satélites de Satur-

no conoces? Son Mimas, mm, Titán, Dione, Hiperión, claro...

IKE: No, no conozco ninguno y... por suerte, no suelen ser tema de conversación.

MARY *(suspira):* Hechos. Sí, tengo un millón de hechos al alcance de los dedos.

IKE: Así es. Y no significan nada, ¿verdad? Porque nada digno de conocerse puede ser comprendido con la sola mente... ¿sabes? To... to... todo cuanto realmente tiene valor ha de penetrar en ti por una abertura diferente... y perdona... perdona... esta imagen poco afortunada.

MARY: No estoy de acuerdo en absoluto. Mira, ¿dónde estaríamos sin el pensamiento racional? Dime.

IKE: No, no, tú... confías demasiado en el cerebro. Es un... el... el cerebro es el órgano más sobrevalorado, creo yo.

MARY: Ya sé. Tú... tú probablemente crees que yo soy demasiado cerebral.

IKE: Bueno, ¿sabes? Tú... tú estás más bien del lado de los encefálicos. *(Risita.)* Oh, ¿qué importa lo que yo piense de ti? Dios sabe lo que piensas tú de mí.

MARY: No, yo creo que tú estás muy bien. ¿O lo dices en broma? Verás, tienes tendencia un poco a... a la hostilidad, pero yo lo encuentro atractivo.

IKE: ¿Ah, sí? *(Suspira.)* Vaya, me alegro.

Se hallan ahora ante una formación de estrellas.

MARY: Entonces, ¿tú crees que yo no tengo sentimientos, verdad?

IKE: Oh, bueno, tú, yo... Eres tan susceptible, yo nunca he dicho eso, Dios mío.

Mary suspira.

IKE: Eso no... creo que eres fantástica. De veras que lo creo, ¿sabes? Yo... yo sólo...
MARY: Sí, bueno...
IKE: Tienes muy poca seguridad en ti misma. Creo... que eres realmente maravillosa, de verdad.
MARY: Bien, ¿qué te parece? Probablemente ya no llueve. Hum... ¿quieres que vayamos a tomar algo en algún sitio?
IKE *(suspira):* Tengo que ver a una persona esta noche.
MARY: Ah.
IKE: No creo que sea el momento adecuado.
MARY: Ya. Bueno... ¿Qué te parece un día de la semana que viene? Te puedo telefonear o... ¿Tienes tiempo?
IKE: Oh... yo... yo no tendré... no creo que tenga tiempo, ¿sabes?, porque... *(Suspira otra vez.)*
MARY: Ya.
IKE: No creo que sea el momento adecuado para mí. ¿Sabes? estoy... estoy trabajando en el libro.
MARY: Ya.
IKE: Y eso... y eso, ah, verás, consume la mayor parte de mis energías.
MARY: Claro. Sí.

Exterior. Rampa del Puente George Washington. Atardecer.
Yale conduce un descapotable. Emily está sentada a su lado.
YALE: Vaya, hoy tus padres estaban de buen humor. No me lo he pasado mal. *(Ríe.)*
Yale sale del puente y toma una curva. Un letrero indica CENTRO SUR.

EMILY *(ríe):* ¿A quién llamaste después de cenar?

YALE: Ah, oh, oh, a Da... David Cohen. Quiere que haga la reseña del nuevo libro sobre Virginia Woolf. Ya ha escrito otro. ¿No te parece increíble?

EMILY: ¿Te encuentras bien?

YALE: Sí, perfectamente. ¿Por qué lo dices?

EMILY: Bueno, pareces algo nervioso.

YALE: No, ni hablar. Estoy bien. Te iba a... preguntar...

EMILY: No, estoy muy bien.

YALE: ...si te pasaba algo. Estabas un poco rara durante la cena.

EMILY: Ya, sólo... pensaba en lo de tener un niño.

YALE: Oh, vamos. Le dije a Cohen que pasaría un momento para recoger el libro. ¿Te importa?

EMILY: No.

Interior. Pizzería John's. Atardecer.
El restaurante está bastante lleno. Ike y Tracey se hallan sentados en una mesa, el uno frente al otro.

TRACEY: No hay demasiada gente.

IKE: No, está bien para ser domingo. Pensé que estaría llenísimo.

TRACEY: Yo también.

IKE: Oye, estoy muy contento de que hayas podido salir, ¿sabes? Tenía muchísimas ganas de verte.

TRACEY: ¿Sabes? Me encanta que sientas ese impulso incontrolable.

IKE: Sí, ya lo sé, es mi mejor cualidad... *(suspira)* el ímpetu juvenil. Estás adorable, palabra.

TRACEY: Mira, tengo una oportunidad de ir a Londres para estudiar en... en la Academia de Música y Arte Dramático.

IKE: ¿En serio? ¿Cómo ha sido?

TRACEY: Oh, el otro día, me llegó una carta por correo.

IKE: Bueno, eso es estupendo. Conseguiste una... eso es fantástico.

TRACEY: Escucha, no quiero ir sin ti.

IKE: Oh... yo no puedo ir a estudiar a Londres. Bueno, ya verás, es impresionante, sobre todo Shakespeare. Mira, yo... yo tengo una pinta fatal con leotardos y cosas de ésas.

TRACEY: Estoy hablando en serio.

IKE: Tienes que ir como sea. Es formidable, ya verás. Te lo pasarás genial en Londres. Es una gran ciudad y tú eres una actriz maravillosa. Para estudiar es un sitio fantástico. ¿Sabes? Es... ah, ¿sabes?, serás la sensación de la ciudad. Te divertirás muchísimo. De veras, no puedes... no debes perderte eso...

TRACEY: ¿Y qué pasará con nosotros?

IKE: Bueno, ya sabes, siempre nos quedará París. *(Suspira.)* Lo digo en broma... mujer. ¿Por qué me lo preguntas? Eso no debe preocuparte ahora.

TRACEY: No me tomas en serio, porque sólo tengo...

IKE: Sí, precisamente porque tienes diecisiete años. Vamos, míralo bien, es ridículo. Tú tienes diecisiete ahora... cuando tengas treinta y seis...

Ike parece perplejo.

IKE: ...yo tendré... hum...

TRACEY: Sesenta y tres.

IKE *(asiente):* Sesenta y tres, exacto. Gracias. Compréndelo, es absurdo. Estarás en el cénit de tu potencia sexual. Yo también, probablemente, pero, ah, ya sabes, a mí me cuesta arrancar.

Ike sacude solemnemente la cabeza. El camarero aparece con una pizza.

CAMARERO: ¿Para quién es una pizza sencilla?

Tracey suspira.

IKE: Ah, sí, para mí.

CAMARERO *(a Tracey):* Entonces la suya es la de anchoas, salchichón, champiñones, ajo y pimiento verde.

Deja las pizzas sobre la mesa.

TRACEY: Mm...

IKE: Se te ha olvidado el coco. ¿Qué te apetece hacer esta noche? Lo que quieras. Vamos al cine, vamos a... Te llevo a bailar, si tienes ganas. Lo que tú quieras, ésta es tu noche.

TRACEY: ¿Lo que yo quiera?

IKE: Lo que tú quieras.

TRACEY: Vale, ya sé lo que haremos.

IKE: Aleja esa expresión lujuriosa de tu cara.

TRACEY: Cállate. *(Ríe.)* Oye, de lujuriosa, nada.

Exterior. Central Park. Atardecer.
Un coche de caballos desfila ante un panorama de árboles y edificios.

VOZ DE IKE: Qué cursilería. No lo puedo creer, ¿sabes? ¿Esto es lo que querías? ¿Éste era tu deseo?

VOZ DE TRACEY *(ríe):* A mí no me parece cursi. Es divertido, de verdad.

VOZ DE IKE: Es divertido, bueno. Pero, verás, yo hacía esto cuando era niño, ¿sabes?

VOZ DE TRACEY: Pues yo no lo había hecho nunca. Y es estupendo.

VOZ DE IKE: Oh.

VOZ DE TRACEY *(ríe).*

VOZ DE IKE: Huy, la noche que me pusieron de largo, di la vuelta a este parque cinco, seis veces.

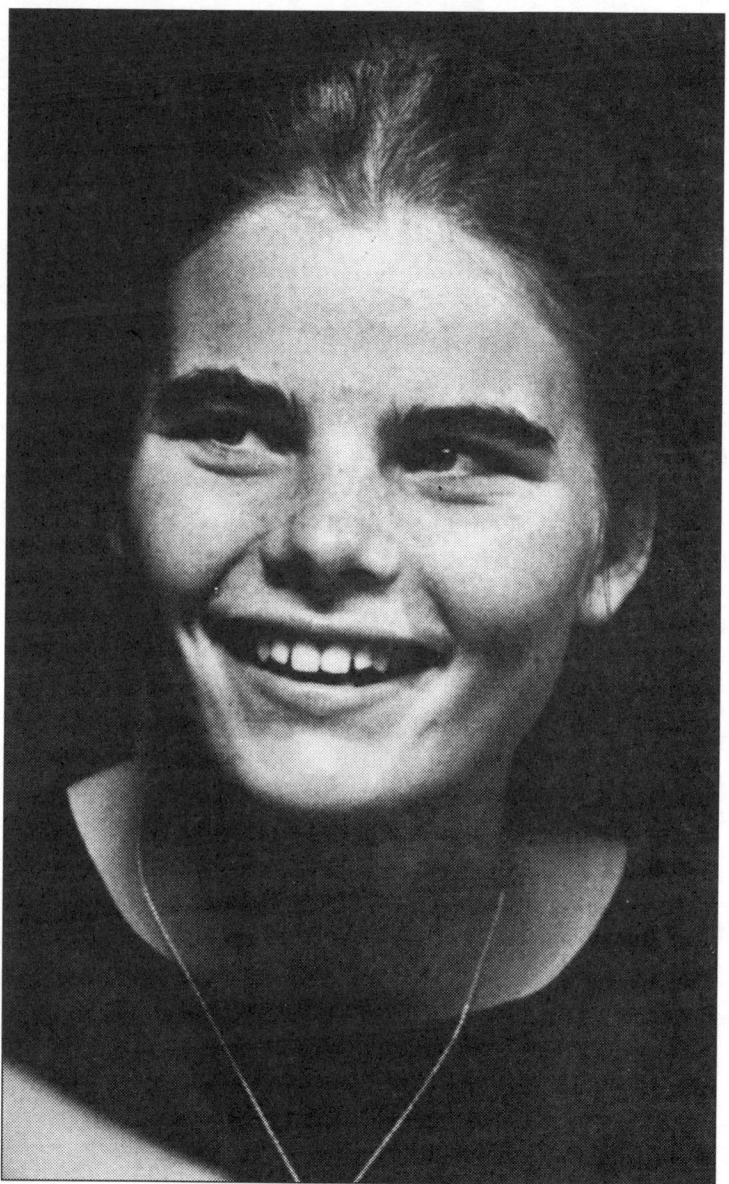

VOZ DE TRACEY *(ríe)*.

VOZ DE IKE: Si llega a acompañarme una chica, habría sido una experiencia increíble.

VOZ DE TRACEY *(risita ahogada)*.

Exterior. Coche de caballos. Atardecer.
Ike y Tracey se besan en el asiento de atrás. Luego se separan.

TRACEY: No quieras negarlo. Estás loco por mí.

IKE: Sí, lo estoy. Tú... tú... tú eres, mira...

Señala al cielo.

IKE: ...eres la respuesta de Dios a Job... ¿sabes? Pondrías punto final a todas... a todas sus diferencias. Vamos, él te habría señalado con el dedo diciendo, ¿sabes?, «he hecho muchas cosas horribles, pero...

Señala a Tracey.

IKE: ...también la he hecho a ella».

Tracey suelta una carcajada y esconde la cabeza en el hombro de Ike.

IKE: Entonces respondería Job...

Ike le besa la mano a Tracey.

IKE: «Vale, muy bien, Tú ganas».

Exterior. Central Park. Atardecer.
El carruaje sigue su trayecto por el sendero.

Interior. Apartamento de Mary. Noche.
Mary saca una botella de vino de la cocina, seguida por Yale. Deja la botella y vuelve a la cocina.

MARY: Oye, mira, esto es un disparate. No puedo seguir

así, vamos. ¡Esto es una verdadera mierda! ¿Entiendes lo que quiero decir? ¡Estás casado! Yo esperaba verte este fin de semana, y aquí me quedé. Sin nada que hacer. Por... por eso llamé a Isaac. Fuimos a dar un paseo. Bueno, suerte tuve de que no tuviera ningún compromiso.

Coge una fuente con quesos y sale de la cocina.

YALE: Ya lo sé, ya lo sé. Lo siento.

MARY: Oh, no... no es culpa tuya. ¡Qué demonios! Pero es una situación muy desairada. Yo... es sólo que... ¡Soy guapa, inteligente y merezco algo mejor!

YALE: Oh, ya lo sé. ¿Quieres... quieres que tome una determinación?

MARY: ¡No! Yo no... ¡Oh! ¡Yo no me dedico a destrozar hogares!

Suena el teléfono.

MARY: ¡Joder! Todavía no...

Cruza el living en dirección al teléfono. El perro ladra en segundo término.

MARY: ... no sé cómo he llegado a esta situación. ¡Creo que nos conocimos en un momento desafortunado! Son cosas que pasan.

El teléfono sigue sonando. Mary coge el auricular.

MARY: ¿Diga? Ah, hola, Harvey, ¿cómo estás? ¿Qué? Bueno, hum, ¿por qué no... por qué no me lo traes el jueves?...

El perro emite un gañido.

MARY: ...y yo... y yo lo leo entonces, ¿eh? Sí, sí, sí, vale. Muy bien. Luego hablaremos. Ah, vale. Adiós.

Cuelga. El perro suelta otro gañido.

MARY: ¡Dios!

Mira a Yale.

YALE: Oye, ¿qué quieres que haga?

Mary baja la vista hacia el perro.
MARY *(al perro):* ¡Waffles!
Vuelve a mirar a Yale.
MARY *(a Yale):* ¡Nada! Quiero decir, bueno... es que no vamos...
Se interrumpe para mirar otra vez al perro.
MARY *(al perro):* Waffles, basta ya, ¿quieres?
El perro emite otro gañido. Mary mira ahora a Yale.
MARY: *(a Yale):* Así no vamos a ninguna parte.
Se levanta.
MARY: Déjame en paz.
YALE: Mira, ya sé que es terrible. Verás...
Cruza la estancia en dirección a Mary.
YALE: ...Estaba con Emily y sus padres, ¡y comprendí que la quiero!
Empieza a descorchar la botella.
YALE: ¡Pero no podía dejar de pensar en ti ni un momento! Y quería llamarte.
Mary se vuelve hacia Yale.
MARY: Sí, bueno... yo... yo no quiero...
Suena el teléfono.
MARY: ¡Oh, demonios! ¡No quiero seguir oyéndote! Soy de Filadelfia. En mi... mi familia jamás hubo aventuras.
El perro ladra. El teléfono sigue sonando.
MARY: Mis padres estuvieron casados cuarenta y tres años. ¡Nadie engaña a nadie!
Va al teléfono y descuelga.
MARY *(al teléfono):* ¿Diga? Ah, sí, Donny, hola.
Tapa el auricular con la mano.
MARY *(a Yale):* Es mi analista. *(Al teléfono)* Dime. *(Suspira.)* Ah, no, creo que será imposible. Ah, vale, bueno, ¿por qué...? Durante la semana probablemen-

te. Vale. Está bien. Está bien. Te llamaré. *(Ríe.)* Oh, vale. Vale, adiós.

El perro ladra. Mary cuelga el teléfono y se tapa los ojos con la mano.

MARY *(suspira, para sí):* Domínate. *(Al perro)* ¡Waffles, por favor!

Yale se acerca a Mary e intenta tocarla. Ella le rehúye.

MARY: No, por favor. No me toques.

YALE: Mary...

MARY: La verdad es que es un mal momento...

El perro ladra. Mary baja la vista.

MARY *(al perro):* Waffles... *(A Yale)* Estoy pasando un mal momento. El caso es que...

Se inclina y coge en brazos al perro.

MARY: Necesito tiempo para reflexionar.

Mary se aleja.

YALE: Bueno, está claro que no debí venir, ¿verdad?

MARY *(off):* No, es probable que no.

El perro ladra.

Interior. Nuevo apartamento de Ike. Día.
Ike de pie en mitad de una habitación llena de cajas sin desempaquetar. Se gira en dirección a un empleado de mudanzas, que entra con una silla. El empleado deja la silla en el suelo. Un segundo empleado cruza la puerta con una caja, que deja caer a los pies de Ike. Un tercer empleado pone otra caja junto a la anterior. Luego, se seca el sudor con un pañuelo. El primer empleado le tiende a Ike una hoja de papel y un lápiz. Ike firma el papel y se lo devuelve.

Interior. Nuevo apartamento de Ike. Noche.
Tracey y Ike están en la cama. Se oyen ruidos extraños. Ike señala al techo.
IKE *(suspira):* Escucha esto. ¿Qué... cómo... qué será eso? ¿Qué es ese ruido? ¿No lo oyes?
Se inclina sobre la mesita de noche para coger las gafas. Se las pone, y se incorpora sobre los codos.
IKE: ¿Lo... lo oyes? ¿De dónde vendrá? Es como... es como, ah, es como si alguien tocase la trompeta. Como si un tipo... sí...
Ike hace un gesto con la mano, como si estuviera aserrando un trozo de madera.
IKE: ...como si alguien estuviese cortando una trompeta por la mitad con una sierra. ¿Verdad? ¿Verdad? Vaya, es como si...
Tracey mira a Ike, apoyada en un codo.
TRACEY: Hagamos cositas.
Otro ruido extraño. Ike señala al techo.
IKE: ¿Oíste ese ruido? ¿No lo oyes...?
TRACEY: Hagamos cositas. Así te distraerás.
IKE: Eh... ¿Cuántas veces por noche...? ¿Cuántas veces puedes hacer el amor en una noche? ¿Qué es eso...?
TRACEY *(interrumpiéndole):* Un montón.
IKE: Sí, ya lo he observado. Un montón. Eso es... bueno, un montón es *(risita)* mi número favorito. *(Otra risita.)* Oye, ¿de veras puedes?
TRACEY: Sí. Bueno, hagámoslo de una forma extraña, la que siempre hubieras querido, pero que nadie te haya dejado.
IKE *(dándose golpes en el pecho):* Me escandalizas.
Acaricia a Tracey en la barbilla.
IKE: ¿Qué forma de hablar es ésa para una niña de tu edad?

Tracey murmura algo entre dientes.
IKE: Voy a... voy a buscar el equipo de submarinista y verás, te enseñaré algo que...
TRACEY: Tómame en serio.
IKE: Te tomo en serio, pero tú sabes...
Se oye un ruido sordo. Ike señala al techo.
IKE: Escucha esto. ¿No lo oyes? ¿Estoy loco o qué?
Tracey suspira. Ike se lleva la mano a la frente. Salta de la cama.
IKE: ¿Qué...? *(Jadea.)* Esto es una pesadilla. Escucha ese maldito... ¿De dónde demonios viene eso?
Ike se mueve por la habitación, pero no lo vemos.
TRACEY: Del hueco del ascensor seguramente.
IKE *(off):* ¡No es el hueco del ascensor! Viene de algún lugar en la pared. Es muy raro... ¿Por qué... por qué...? ¿No quieres que vayamos a un hotel? No puedo dormir aquí...
TRACEY: Estás como una cabra.
IKE *(off):* ...esta noche. No hay quien duerma aquí.
Tracey suspira. Ike se pasea por la habitación.
IKE *(off):* La verdad es que no puedo. ¿Dónde están las aspirinas? Oye, ¿qué... qué has hecho con las aspirinas?
TRACEY: Podría ayudarte a arreglar eso, si me dejaras.
IKE *(off):* No quiero arreglar nada. Y no quiero que vivas aquí. Esta noche es una ocasión especial. Es... es mi primera noche en el apartamento, ¿sabes?, y había que celebrarlo. Quería adaptarme al lugar y me asustaba dormir solo esta noche. *(Para sí.)* Caramba, ¿qué es esto?
Se oye ruido de agua que sale de un grifo.
IKE *(off):* El agua sale marrón.
TRACEY: Las cañerías estarán oxidadas.

IKE *(off):* El agua sale marrón del grifo. ¿Qué pasa, Tracey?

TRACEY: Que las cañerías estarán oxidadas.

IKE: Tracey, mira esto.

Se acerca a los pies de la cama.

IKE: Es agua marrón. Voy a pagar setecientos dólares al mes. Y me salen... me salen ratas en bongos y... y una rana...

Se sienta en la cama y le enseña a Tracey un vaso de agua sucia.

IKE: ...y encima agua marrón. Mira esto.

TRACEY: ¿Qué va a ser de nosotros?

IKE: Qué asco. A mí me gusta el líquido incoloro.

TRACEY: Escucha. No me haces ningún caso. ¿Qué va a ser de nosotros?

Ike deja el vaso y se vuelve hacia Tracey.

IKE: Oh. ¿Qué quieres decir con eso de «qué va a ser de nosotros»? ¿Qué...? ¿No te lo pasas bien conmigo? ¿No soy un manantial inagotable de risas y diversión?

TRACEY: Sí.

IKE: ¿No lo has comprobado esta noche? Pues, muy bien, ya está, nos hemos divertido y nos divertiremos. Y luego te irás a Londres tal como se ha hablado. Tienes que aprovechar esta oportunidad *(suspira)* y estudiar arte dramático allí, ¿sabes? Y...

Apunta con el dedo a su cabeza.

IKE: ...y siempre te acordarás de mí con afecto. Ahora pórtate bien.

Exterior. Café Stanhope. Día.
Yale y Mary están sentados uno frente al otro en un café al aire libre lleno de gente.

YALE: Sabes que hemos de dejar de vernos, ¿verdad?
Hay rumores de tráfico al fondo.
MARY: Oh, sí, claro... claro. Lo comprendo. Lo sabía por el tono de tu voz al teléfono. Muy autoritaria, ¿sabes?... como la del Papa o la de la computadora de *2001*.
YALE: Mira, esto no es justo contigo y no sé qué demonios hago.
MARY: Eso es, sí.
YALE: Vamos, en fin, no te enfades. Verás, fuiste tú la que empezó esto. No estabas contenta de cómo iban las cosas.
MARY *(sacude la cabeza):* No estoy enfadada. Es que... es que ya sabía que esto iba a acabar así. Pero, ahora que ha ocurrido, me siento disgustada, ¿entiendes?
YALE: Oh, mira, tú... tú no quieres ningún compromiso. Y yo no quiero destrozar mi matrimonio para descubrir luego que... que no nos entendemos. He... he de pensar en Emily.
MARY: Bien, has explicado tu postura. Está muy clara. Yo... yo me alegro de que uno de nosotros, ah, haya tenido el valor de romper.
YALE: ¿Crees que lo superarás?
Mary llora por un momento, luego se calma.
MARY: Sí. *(Suspira.)* Claro que lo superaré. ¿Qué crees que voy a hacer, tirarme por una ventana? Soy una mujer guapa, soy... soy joven, soy muy inteligente, lo tengo todo a mi favor. La cuestión... la cuestión es... es que, oh, no lo sé. Estoy hecha un lío. Estoy hecha... mierda. La cuestión es: ¿qué demonios pinto yo en toda esta historia? Mi... mi teléfono no para de sonar. Podría irme a la cama con toda la facultad del Instituto de Tecnología de Massachussets, si me

diera la gana. Sólo que... no lo sé, estoy perdiendo el tiempo con un hombre casado. Así que yo no... *(Suspira.)* Escucha, será mejor que me vaya. Creo que... sólo... sólo quiero darte esto. Había...
Saca dos entradas del bolso e intenta dárselas a Yale.
MARY: ...conseguido estas entradas para oír a Rampal esta noche. Toma...
Yale las rehusa.
YALE: No, Mary.
MARY: ...cógelas. ¿Qué?
YALE: Escucha, esto es muy duro también para mí, ¿sabes?
MARY: No, por favor, ¿por qué no las coges y vas con tu mujer?
YALE: Vamos, Mary, a ti te encanta Rampal. Invita a alguien, mujer. ¿Por qué no llamas a Isaac?
Mary rompe las entradas.
MARY *(suspira):* Tú... ¡Vete a la mierda, Yale!

Interior. Apartamento de Ike. Día.
Ike está de pie ante el fregadero, llenando un vaso de agua. Cruza el living junto a Mary.
IKE: Oh, ya sé que pensarás que el agua está un poco marrón, pero se puede beber. ¿Sabes? Es... es... ah... no te dejes... no te dejes hundir por esto, ¿sabes?
Mary saca un comprimido de un frasco.
MARY: Siento mucho tener que molestarte. ¿Entiendes lo que quiero decir?
IKE: No hay problema. De veras, no...
MARY *(suspira):* Es que... no sabía...
Ike tiende a Mary el vaso de agua marrón. Ella se queda desconcertada.

MARY: ...Dios mío, pero si es marrón, ¿no?

IKE: Bueno, sí, sí, tiende al marrón. No cabe duda.

Mary se mete el comprimido en la boca.

IKE: Pero... pero, ¿sabes?, al poco te acostumbras.

MARY *(bebe un sorbo de agua):* No sabía a quién acudir, eso es todo.

IKE: Yo de ti no tomaría valium, ¿sabes? Porque creo que produce cáncer.

Mary se sienta. Ike se pasea por la habitación.

MARY: ¿Medio valium también?

IKE: Sí, sí, cáncer de abdomen, me parece.

MARY: ¿Cuándo se ha descubierto?

IKE: Oh, ah, hum... es una teoría mía. Pero creo que estoy en lo cierto. Yo... yo tengo pañuelos por algún sitio.

Ike sale en dirección al dormitorio.

MARY *(suspira):* En fin, tendré merecido lo que me pase.

IKE *(off):* ¡Oh, vamos!

MARY: Es verdad... ¡Claro que es verdad! Yo sabía que esto no podía funcionar.

IKE *(off):* Ya... Te lías con un individuo casado...

Sale, para desaparecer al punto en otro cuarto. Enciende y apaga las luces.

IKE: ...y luego... y luego, el que la cosa no resulte, *(off)* confirma tus peores sentimientos.

MARY: Bueno... ¿qué peores sentimientos?

IKE *(off):* Ya sabes... tus sentimientos *(entra)* sobre los hombres, y el matrimonio, y que nada resulta...

MARY *(off):* Oh.

Ike sale en dirección a la cocina.

IKE: ...ya sabes, todas esas estupideces.

MARY *(off):* No me hagas psicoanálisis, por favor. Yo... ya pago a un médico para eso.

IKE *(off):* Oye.
MARY *(off, lloriquea.)*
Ike asoma la cabeza por la puerta.
IKE: Eh, ¿llamas médico a ese individuo con el que hablas? Verás, ¿no te inspira sospechas el que... el que tu analista te llame a las tres de la mañana para llorarte al teléfono?
Ike vuelve a la cocina. Mary lloriquea.
MARY: Está bien. Ya sé que es poco ortodoxo. Pero es un médico muy capacitado.
Ike sale de la cocina con unos pañuelos de papel.
Cruza el living hasta llegar junto a Mary.
IKE: Pues ha... ha hecho maravillas contigo. Tu... tu amor propio está tan sólo a un punto por debajo del de Kafka.
Ike le da a Mary los pañuelos de papel.
IKE: Toma, suénate la nariz.
Se oye un ruido extraño.
MARY: ¿Qué es ese ruido?
Ike señala al techo.
IKE: Es increíble, ¿verdad?
MARY: Sí.
IKE *(gesticula):* Hay... hay... hay un individuo arriba. ¡Yo no sé qué demonios hace! Pero se repite a diario. Es como...
Otra vez el ruido.
IKE: ...como si estrangulase a un loro, o algo así. No lo soporto.
MARY *(off):* ¿Cómo vas a soportarlo? ¡Es terrible! ¡Qué barbaridad!
IKE: Ya sé. Tenía un apartamento espacioso, pero ya no puedo pagarlo. ¿Quieres salir a dar una vuelta? En la calle se está más tranquilo.

MARY *(llora):* No, creo que me iré a casa.

IKE: No, vamos.

MARY *(llora):* Esto es ridículo.

Ike le coge a Mary el vaso de agua. Atraviesa la habitación.

MARY *(lloriquea):* ¡Bien, me incitó él! Ésa es la cuestión. ¿Por qué me resisto así a criticarle?

IKE: Vamos, cálmate. Yale no haría semejante cosa.

MARY: Oh, por favor...

IKE: No es de esa clase de personas.

MARY: ...no lo defiendas. Los hombres siempre os defendéis unos a otros.

Se suena la nariz. Ike la acompaña hasta la entrada.

IKE: Yale tiene sus problemas como todos, ¿sabes?

Mary lloriquea.

IKE: Em... empiezo a parecer el rabino Blitzstein, vaya.

MARY: Oye, gracias por dejarme venir. Te lo agradezco de veras. Has sido muy bueno.

IKE: Mira, Tracey y yo salimos esta noche, ven con nosotros si no tienes nada que hacer.

MARY: Oh, no, no, se me pasará. Lo superaré. *(Lloriquea otra vez.)*

IKE: ¿Sí?

MARY: Sí.

Ike abre la puerta y mira los pañuelos de papel que tiene Mary en la mano.

IKE: Llevas *(risita)* unos pañuelos de papel muy bonitos. *(Ríe.)*

MARY *(ríe también):* ¡Oh, Dios mío! Oh, bueno, adiós, y muchas gracias.

Mary sale. Ike cierra la puerta.

Interior. Dormitorio de Ike. Noche.
Ike y Tracey están en la cama, tomando comida china mientras miran la televisión. Una voz masculina sale del receptor.
VOZ MASCULINA: Ya, pero... lo que yo... pregunto es: ¿puede un taxista... ganar bastante dinero para que sus hermanos y hermanas estudien medicina?
IKE: ¡Oh, oh, ésta sí que es buena! Oh... *(señala al televisor)* Mira qué bisoñé se gasta el tipo.
TRACEY *(risita):* Uy.
IKE: Es increíble.
TRACEY: Es una cosa rarísima.
IKE: Es francamente cómico.
Ike señala de nuevo el televisor.
IKE *(suspira):* Además, mira, se ve cómo lo... lo lleva suelto. ¿Te das cuenta?
Tracey suelta una risita.
IKE: No sé por qué sus, bueno, sus amados parientes no se lo advierten. Parece como si...
Tracey suelta otra risita, mientras Ike alza y luego baja la mano, para describir un movimiento de caída.
IKE: ...ese bisoñé se le habrá caído a la cabeza al pasar debajo de una ventana, ¿sabes?, y nadie...
TRACEY *(ríe):* Mira ahora a su mujer. Parece como si le hubieran hecho ocho mil liftings.
IKE: Sí, ya veo, es como de plástico. Oh...
Ike se estira la piel de la cara.
IKE: ...se ve tan tirante.
TRACEY: No lo puedo resistir.
IKE: Tiene la carne como...
TRACEY *(le interrumpe):* ¡No lo resisto! Quisiera... ¿por qué no pueden envejecer de forma natural, en vez de hacerse todas esas porquerías?

IKE: Ya sé, parece... ¿Sabes? Los rostros de las personas de edad son... son... son agradables...
TRACEY: Ya.
IKE: ...¿no te parece? Hum.
TRACEY: Sí, geniales.
Ike baja la vista hacia la servilleta que tiene en la colcha de la cama.
IKE: Eh, eh, oye, ¡ten más cuidado!
Tracey ríe.
IKE: Ha caído salsa de fríjoles en la cama. Tendremos que dormir en ella.
Tracey señala el televisor.
TRACEY: Oh, mira, qué bien. Van a dar una película de W.C. Fields.
Se oye otra voz masculina en el televisor.
IKE: Ah.
TRACEY: Oh, genial. Tenemos que verla.
Ike se inclina para besar a Tracey en el hombro. Suspira.

Interior. Pista de squash. Día.
En una pared, un letrero reza: RACQUET CLUB. *Entran Yale y Ike con raquetas. Lanzan la pelota contra la pared.*
YALE *(suspira):* ¡Oh! Oh, Dios mío. Chico, ¡qué bien me encuentro! Por fin he resuelto mi vida.
IKE: ¿Ah, sí?
YALE: Sí. ¿Sabes? *(Suspira.)* Tenía que cortar por lo sano de una vez. Yo no sirvo para esas aventuras. Por fin lo he comprendido.
Ike corre para recoger la pelota, pero no llega.
IKE: ¿Sabes... sabes algo de Mary? ¿La ves alguna vez?
Mientras hablan, golpean la pelota por turno.

YALE: No, no, hemos *(suspira)* terminado, ¿sabes? Creo que es mejor así, ¿sabes?

IKE: Ajá.

YALE: Es una chica fantástica. Merece algo mejor que un lío con un hombre casado.

IKE: Sí, es estupenda. Un poco chiflada, pero estupenda.

YALE: Sí, bueno, ése es el estilo que te va. Creo que tendrías que llamarla.

IKE: ¿Llamarla yo?

YALE: Sí.

IKE: ¿Y por qué?

YALE: Porque tú le caes bien. Ella me lo dijo.

IKE: Tú estás loco.

YALE: No, ni hablar. Me dijo que le parecías atractivo.

Ike falla la pelota.

IKE: ¿Dijo que yo le parecía atractivo?

Continuan el juego.

YALE: Sí.

IKE: Vaya. ¿Cuándo fue eso?

YALE: Oh, me lo dijo enseguida después de conocerte.

IKE: No lo sabía.

Ike falla otro golpe.

IKE: No puedo.

YALE *(ríe):* Pues es una lástima.

IKE: No puedo. *(off)* Pienso... pienso siempre en vosotros dos. *(Suspira.)* No... no podría.

YALE *(sacude la cabeza):* Todo acabó, ¿oyes? Todo acabó.

Ike golpea la pelota y Yale falla.

YALE: A no ser que lo tuyo con Tracey vaya en serio. ¿Va en serio lo tuyo con Tracey?

IKE: No, Tracey es demasiado joven.

Yale va a buscar la pelota.

YALE: Llama a Mary entonces. *(off)* Escucha, es muy desgraciada, ¿sabes? Bueno, ne... *(entra en campo)* necesita a alguien en su vida. Vamos, creo que los dos os entenderíais bien.

Yale le tira la pelota a Ike.

IKE *(suspira):* Creo que podría ejercer una influencia benéfica sobre ella. *(Recobra la respiración.)* Creo que mis vibraciones personales podrían intro... introducir un poco de orden en su vida. ¿Sabes lo que quiero decir?

Ike y Yale se encaminan hacia las puertas de cristal.

YALE *(ríe):* Sí, eso mismo dijiste de Jill, ¿no te acuerdas? Gracias a tus vibraciones personales pasó de la bisexualidad a la homosexualidad.

IKE *(jadea):* Ya, pero yo hice todo lo que pude, y más, durante un tiempo. *(Ríe.)*

YALE *(ríe también):* Oye, te lo digo en serio, tendrías que llamar a Mary.

Ike abre la puerta.

IKE: Estás de broma. ¿Qué... qué te dijo de mí?

Cruzan la puerta. Hay otras personas en segundo término.

YALE: Dijo que, bueno, que le gustas mucho. Cree que eres inteligente. Y que eres...

IKE: Continúa, no te pares.

YALE *(ríe):* ...atractivo.

IKE *(ríe):* ¿De veras dijo eso? ¡No fastidies!

Los dos salen.

YALE: Sí.

Exterior. Cine. Día.
Un rótulo anuncia: Cinema Studio «CHUSHINGURA» DE

INAGAKI — «LA TIERRA» DE DOVJENKO. *Ike y Mary salen del cine y se detienen un momento. Otras personas que salen del cine, pasan a su lado. Luego, Ike y Mary echan a andar por una acera bastante concurrida.*

Interior. Cocina de Mary. Día.
La cocina está a oscuras. Se abre la puerta del apartamento y entra Mary, seguida de Ike. Cierra la puerta Ike, mientras Mary enciende la luz.
IKE: Verás, para mí, una gran película es cuando actúa W.C. Fields. Me encanta. *La gran ilusión* es... es... La veo cada vez que la dan por televisión...
Ike sale. Mary deja algo en la mesa y mira por encima del hombro.
IKE *(off):* ...si... si me entero que la ponen. ¿Qué tienes para comer? Nada, ¿verdad? ¿Tienes...?
Mary hace una mueca, luego sonríe mientras abre una alacena y saca una caja. Vuelve a cerrar la alacena.
MARY: Bien.
IKE *(off):* Oh, Dios mío, ¿qué es esto? Tienes un... un sándwich de carne desde 1951, diría yo.
Entra Ike, con un sándwich de carne en la mano.
IKE: Mira esto.
MARY: Bueno, yo...
IKE: Mira esto. Oye, de-deberías... deberías... deberías...
MARY: Lo sé, lo sé, yo... *(sale, off)* Escucha, yo no tengo tiempo para guisar.
Ike mira el sándwich.
IKE: La carne en conserva no debe ser azul, ¿sabes? Hay hasta... ¡uf!, qué horror. Oye.
MARY *(off):* ¿Qué?
IKE: Ven aquí.

Mary entra.
MARY: ¿Qué?
Se besan, luego se miran el uno al otro.
MARY: ¿Qué haces?
IKE: ¿Cómo que qué hago? ¿Me preguntas qué hago?
Mary asiente.
IKE: Te estoy dando un beso en la boca.
MARY: Oh, Dios mío, no sé cómo voy a poner un poco de orden en mi vida. Es que...
IKE: Bueno, hace tiempo que quería hacerlo, ¿sabes?, y... y...
MARY *(asiente):* Sí, ya lo sé.
IKE: ¿Ah, sí?
MARY *(asiente):* Ajá.
IKE: Vaya... yo... yo creí que no se me notaba.
Mary sacude la cabeza.
IKE: Yo quería parecer frío e indiferente.
MARY: Oh, estuviste a punto de besarme en el Planetárium aquel día.
IKE: Sí, es verdad.
MARY: No me equivoqué.
IKE: Pero... pero entonces tú salías... tú salías con Yale.
MARY: Ajá.
IKE: Yo nunca me habría interpuesto entre vosotros. Jamás, ¿sabes? Yo sólo...
Mary lloriquea.
IKE: Bueno, quisiste besarme entonces, ¿no? Quiero decir...
Mary se aparta de Ike.
MARY: Oh, no sé lo que quería. *(Off)* Estaba tan furiosa con Yale aquel día.
IKE: Y también muy provocativa, ¿sabes? Estabas empapada por la lluvia y sentí unos deseos locos de tirarte

a la superficie lunar y cometer una perversión interestelar contigo.

MARY *(off):* Yo no puedo ir de aventura en aventura. Es un disparate. No puedo.

Mary va hacia la mesa.

IKE: Bueno, ¿y... y qué entonces? ¿Todavía... todavía estás loca por Yale? ¿Es ése el problema?

MARY: Oh, tengo tantos problemas... Yo... la verdad es que yo... no soy una persona con la que convenga liarse. Traigo complicaciones.

Ike se acerca a Mary.

IKE: Oye, cariño, complicaciones es mi segundo apellido.

Mary se vuelve hacia él. Ike toma su cabeza entre sus manos.

MARY: Com... *(ríe)* ¿Qué dices?

IKE: Lo que oyes. En realidad, mi segundo nombre es Mortimer. Pero, ah...

Se besan.

IKE: ...lo... lo decía en broma.

Interior. Museo Whitney. Día.

Ike y Mary aparecen por detrás de una pared blanca.

MARY: Mi problema es que me atrae y me repele a la vez el órgano masculino.

Ike señala a un hombre y a una mujer e indica a Mary por señas que hable más bajo.

IKE: Ssssh.

MARY: ¿Sabes? Eso no favorece demasiado mis relaciones con los hombres, eso es todo. ¿Y tú? ¿Qué hay de tus relaciones con las mujeres?

Se acercan a una escultura de metal.

MARY: No has llegado a contarme gran cosa de tu primera mujer.
IKE *(carraspea):* Mi primera mujer era maestra en un parvulario, ¿sabes? Se... se aficionó a las drogas y se marchó a San Francisco, luego se metió en el movimiento EST...
MARY: ¿Sí?
IKE: ...y acabó en la secta de Moon.
Mary contiene la risa.
IKE: Ahora trabaja en la agencia William Morris.
Se paran para mirar la escultura de metal.
MARY: ¿Te gusta?
IKE *(quejumbroso):* Esto... esto, me parece a mí, posee una... posee una maravillosa otredad, ¿sabes?
MARY: Una otredad.
IKE: Una maravillosa capacidad negativa...
MARY *(risita):* Vale.
IKE: ... una energía ma-ma-maravillosa...
MARY: Oh.
IKE: ... ¿no crees?

Exterior. Autopista. Noche.
Tráfico y luces urbanas.
VOZ DE MARY: Ah, el vino era estupendo, ¿no te parece? Me hizo subir los colores a la cara.
VOZ DE IKE: Sí. Estás tan hermosa que no puedo mirar el cuentakilómetros.
VOZ DE MARY *(risa).*
VOZ DE IKE: Cuesta catorce pavos la... *(Dice algo entre dientes).*
VOZ DE MARY: Ya sé, pero es un restaurante fabuloso. ¿No te gustó?

VOZ DE IKE: Oh, sí, me encanta el marisco. *(Con voz quejumbrosa.)* Estoy borracho, claro. *(Ríe.)* Ja, no sé si te das cuenta o no. *(Suspira.)* Oye, ¿sa-sa-sabes que es la primera vez en mi vida que bebo Chianti de Varsovia?
VOZ DE MARY *(risita).*
VOZ DE IKE: Dame un beso.
VOZ DE MARY: Vale.
Se oye ruido de besos.

Interior. Apartamento de Mary. Noche.
Mary está sentada en las rodillas de Ike. Se besan. Mary se inclina y apaga la luz de una lámpara que está junto a ellos. Quedan los dos en la oscuridad. Ike suspira.
MARY *(suspira):* ¿En qué piensas?
IKE *(suspira):* Oh, pensaba en que algún problema tendré, porque nunca tuve una relación con una mujer que haya durado más que la de Hitler con Eva Braun.
MARY: Creo que *(risita)* aún estás borracho. *(Risita.)*
Se oye ruido de besos.

Exterior. Colegio Dalton. Día.
Ike está apoyado en la valla delante del colegio. Sobre la entrada está escrito COLEGIO DALTON. *Los estudiantes salen del edificio, entre ellos Tracey.*
VOZ DE CHICO: Hasta luego.
Tracey está leyendo algo, y no ve a Ike, quien le da un golpecito en el hombro. Ella parece sorprendida al verle.

TRACEY: ¡Hola!
Le echa los brazos al cuello y le da un beso. Mientras caminan por la acera, ella le da un regalo.
IKE: ¿Para mí?
Ike la besa.

Interior. Heladería. Día.
Ike y Tracey están ante el mostrador de un local repleto. Ike mira el regalo de Tracey, una armónica. Tracey está bebiendo un batido.
IKE: Caramba. Es fenomenal. Es... es... no sé tocar la armónica, pero es *(suspira)* una armónica increíble, vamos.
TRACEY: ¿No querías aprender? Intento que explores esa faceta tuya.
IKE: Tracey, Tracey, estás desperdiciando una enorme cantidad de afecto en la persona que menos lo merece.
TRACEY: Tú lo mereces para mí.
IKE *(suspira):* Mira, yo no... yo... creo que no deberíamos seguir viéndonos.
TRACEY: ¿Por qué?
IKE: Porque creo que estás demasiado enrollada conmigo, ¿sabes? Enrollada conmigo... Ya empiezo a hablar igual que tú.
TRACEY: Yo no estoy enrollada contigo. Estoy enamorada de ti.
IKE: No puedes estar enamorada de mí. Ya lo hemos discutido. Eres una niña. No sabes lo que es el amor. Yo tampoco lo sé. Nadie sabe nada de nada.
TRACEY: Disfrutamos estando juntos. Me intereso por ti. Tus preocupaciones son las mías. Lo pasamos genial en la cama.

IKE *(suspira):* Tú... pero tú tienes diecisiete años. Cuando tengas veintiuno, te espera una docena de relaciones, ah, créeme, mucho más apasionadas que ésta.

TRACEY: Ya. ¿Tú no me quieres?

IKE *(suspira):* Yo, bueno, la verdad es que quiero a otra persona.

TRACEY: ¿De veras?

IKE *(off):* Oye, ya está bien, ¿quieres? Nosotros... yo... nosotros... Lo nuestro iba a ser una aventura pasajera, tú lo sabes.

TRACEY: ¿Has conocido a alguien?

IKE: No me mires con esos ojazos. Por el amor de Dios, pareces una de esas niñas descalzas de Bolivia que necesitan un padre adoptivo.

TRACEY *(off):* ¿Has estado saliendo con otra persona?
Ike sacude la cabeza. Luego asiente.
IKE: No... sí, eh, una persona mayor. Sí, verás, ya-ya sabes, mayor, no tan mayor como yo... pero metida en el mismo baile.
TRACEY: Vaya, no me siento muy bien. *(Suspira.)*
IKE *(off):* Es... no es lógico. ¿Sabes? *(Murmura algo entre dientes.)* No debes enrollarte, vamos, debes ensanchar tu vida. Debes ver... Tienes que hacerlo, ¿sabes?
TRACEY *(suspira):* No haces más que decir que todo es por mi bien, cuando eres tú el que quiere dejarlo.
IKE: Oye, no te hagas la mujer adulta conmigo, ¿vale? No te pases de lista. Yo... tengo cuarenta y dos años. Se me cae el pelo. *(Señala su oreja izquierda.)* Empiezo a perder audición en el oído derecho. ¿Es eso lo que quieres?
TRACEY *(off):* No puedo creer que hayas conocido a otra que te guste más que yo.
IKE: ¿Y por qué he de sentirme culpable? Esto es ridículo. Siempre te dije que... que salieras con chicos de tu edad, chicos de tu clase. No sé, hum, Billy y Biff y Scooter y, hum, ya sabes, el pequeño Tommy o Terry.
Tracey empieza a llorar. Ike la acaricia en el hombro y en el cuello.
IKE *(off):* Anda, vamos, no llores.
Tracey está llorando a lágrima viva.
IKE *(off):* No llores. Vamos, no llores. Tracey... Tracey, no... vamos, no llores, Tracey. Tracey.
TRACEY: Déjame en paz. *(Suspira.)*
IKE *(off):* Tracey... vamos, no...
Le enjuaga una lágrima. Ella se aparta.
TRACEY *(llora):* Déjame en paz. *(Suspira.)*

Interior. Dormitorio de Ike. Noche.
Ike está tumbado en la cama, escribiendo. Deja de escribir y coge la armónica, que está en la cama junto a él. Toca unas notas, deja de tocar y la examina. Vuelve a ponerla sobre la cama. Parece pensativo.

Exterior. Carretera. Día.
Ike y Mary en un coche, circulan por una carretera campestre.

Exterior. Cascada. Día.
Ike y Mary pasean por un puente. Se detienen para contemplar la cascada. Ike abraza a Mary.

Interior. Hotel campestre/Dormitorio. Día.
El cuarto está a oscuras.
MARY: Ha sido maravilloso.
IKE: Sí, ya lo creo.
Mary enciende la luz. Vemos que ella y Ike están juntos en la cama.
MARY: Me encanta estar en el campo.
IKE: Oh, es muy relajante.
MARY: Lo sé.
IKE: Claro que los mosquitos me han chupado toda la sangre de la pierna izquierda.
Mary ríe. Ike coge las gafas y se las pone.
IKE: Desde luego, aparte de eso, estoy... en forma.
MARY: ¿No te sientes mejor? Yo me siento más a gusto conmigo misma.

IKE: Ya, eras pura dinamita. Aunque tengo la impresión de que, durante un par de segundos, hiciste un poco de comedia.
MARY: ¿Qué dices?
IKE: Pero no mucha. Algo de sobreactuación nada más...
MARY: No, ni hablar.
Ike se toca el cuello.
IKE: Sí, cuando me clavaste las uñas en el cuello. Pensé que le echabas un poco de...
MARY *(sacude la cabeza y suspira):* Oh, no... *(Se encoge de hombros.)* No, no lo sé.
IKE: ¿Tú crees?
MARY: Me parece que aún me siento un poco nerviosa cuando estoy contigo.
IKE: ¿De veras, todavía?
MARY: Bueno, sí, creo...
IKE: Esto es un disparate.
MARY: La verdad... me gustaría que todo saliera bien.
IKE: Así será, ya lo verás. Todo saldrá bien. Has de dejar que me ocupe yo de todo. Yo haré que todo salga bien. Tú no... tú no tienes que preocuparte.
MARY: ¿Me lo prometes? ¿De veras me lo prometes?
IKE: Ajá.
MARY: Yo... me gustas mucho. Contigo me siento bien.
IKE: Ya. No te lo reprocho. *(Risita.)*
MARY *(ríe):* Sí, en fin, no sé. Yale era... sí, era estupendo. Absolutamente estupendo, pero estaba casado. Y Jeremiah, piensa en Jeremiah, mi ex marido. Era una especie de animal inteligente y hambriento de sexo.
IKE *(se señala a sí mismo):* Oye, ¿y yo qué soy, la abuelita Moses? *(Risita.)* ¿Qué quieres dar a entender?
MARY *(sacude la cabeza):* No, nada.

IKE: Ya sabes, ¿no?

MARY: No, no, no, tú eres muy diferente, eres muy diferente. Tú...

IKE: ¿Sí?

MARY: Sí, eres una persona con la que yo podría, eh, podría tener hijos.

IKE: ¿De veras?

MARY: Sí.

IKE *(señala la lámpara):* Bueno, bueno, apaga las luces. Adelante.

MARY: Oh.

IKE: Vamos, apaga.

Mary se inclina hacia el interruptor mientras Ike se quita las gafas. Mary apaga la luz y la habitación queda a oscuras.

IKE *(suspira):* Adelante... ¡y a por todas!

Interior. Apartamento de Mary. Noche.
Ike y Mary bailan muy apretados en una habitación apenas iluminada.

Exterior. Central Park/Lago. Día.
Ike y Mary en un bote de paseo. Ike mete la mano en el agua. Cuando la saca la encuentra llena de barro.

Exterior. Zabars. Noche.
Ike y Mary caminan por la acera en dirección a la tienda. Delante de ella se detienen. Un hombre sale, una mujer y un hombre entran. Tres africanos con sus trajes típicos abandonan la tienda. Un letrero en el exterior

indica: ZABARS, 1 HORA DE PARKING GRATIS. GARAJE 208 W 80ST. BET. B'WAY. & W. E. AVE. TICKETS DISPONIBLES EN EL INTERIOR COMPRA MÍNIMA DE 2 - 5.00.

Exterior. Brooklyn/Calle en los Heights. Día.
Emily y Ike se hallan de pie cerca de la pared de un edificio. Ike mira a Emily. Yale habla con unos hombres en segundo término.
EMILY: Bueno, ya no te vemos nunca.
IKE *(suspira):* Es que he estado trabajando en mi libro. Estoy absolutamente inmerso, dedicado a él.
EMILY: Es esa chica con la que sales. Va en serio, ¿verdad?
IKE: Bueno, pues sí va en serio.
EMILY: Vaya, ¿cuándo tendremos la oportunidad de conocerla?
IKE: Bueno..
EMILY: Estoy segura de que a Yale le gustaría conocerla.
IKE: Podríamos salir uno de estos días.
EMILY: Sí, muy bien.
Ike mira a Yale.
IKE: No lo entiendo. ¿Para qué... por qué... para qué necesita un coche? *(Hace un gesto en dirección a Yale.)*
Emily se encoge de hombros.
IKE: Un impulso repentino de tener coche. Es...
EMILY: Lo quiere, ¿qué más puedo decirte?
IKE: ...absurdo.
Emily y Ike se acercan a Yale, de pie tras un Porsche con otros dos hombres.
IKE *(a Yale):* Oye... eh, ¿no puedo hacer nada para disuadirte?

HOMBRE 1º *(a Yale):* La capota... la capota está hecha por encargo.

Yale murmura algo entre dientes.

HOMBRE 1º: Ah, conforme.

Yale se dirige hacia Ike, de pie en la parte delantera del automóvil. Emily se acerca a los dos hombres.

IKE: Es una tontería. Tendrían... tendrían que prohibir todos los coches en Manhattan. Vamos, es... es absurdo. Escucha, Emily quiere saber por qué, bueno, por qué no vengo nunca con Mary.

HOMBRE 1º *(a Emily):* El coche está en perfectas condiciones. *(Señala la capota.)* La capota está hecha por encargo.

YALE: Oye, ¿y por qué no vienes con Mary?

El hombre 1º señala los neumáticos.
HOMBRE 1º *(a Emily):* Las ruedas están bien.
Una sirena resuena al fondo.
IKE: Bueno, no sé. ¿No resultaría embarazoso para ti?
YALE: Oh *(murmura algo entre dientes)*, ¿bromeas?
IKE: Mira, he hablado con ella de esto. Dice que no le importa.
EMILY *(al hombre 1º):* ¿Ah, sí?
YALE: Bueno, ¿por qué no lo hacemos?
HOMBRE 1º *(a Emily):* ¿Le gusta este Porsche?
EMILY *(se encoge de hombros):* Creo.
IKE *(señala el coche):* Oye, no compres esa cosa, porque es... ¿Sabes? Odio los coches.
YALE: Vamos, Isaac, te entusiasmará. *(Ríe.)*
IKE: ¿Sabes? Es que... es que hace mierda el medio ambiente, y...
YALE: Es una obra de arte.
IKE: Ya.

Interior. Apartamento de los Pollack. Noche.
Mary y Ike miran a Yale y a Emily, que están fuera de campo.
IKE: Hola.
YALE *(off):* Hola.
EMILY *(off):* Hola.
IKE: Hola. Ésta es... ésta es *(off)*... eh, Emily.
Emily le estrecha la mano a Mary.
EMILY: Hola, encantada.
IKE: Y éste es Yale.
YALE *(off):* Hola.
Mary le da la mano a Yale.
MARY: Hola, Yale.

Ike mira a Mary, luego a los otros, luego a Mary otra vez.
IKE *(tose):* Bueno, ¿nos vamos?
Emily mira a Yale, luego a los otros, luego de nuevo a Yale.
EMILY: Sí, vámonos.
Yale mira a Emily, luego a los otros.
YALE *(sonríe):* Vale.

Interior. Sala de conciertos. Noche.
Ike, Mary, Yale y Emily entre el público del concierto. Ike mira a Mary. Ella le devuelve la mirada. Él aparta la vista. Yale mira a Mary, luego a Ike, mientras se inclina para estirarse los calcetines. Vuelve a arrellanarse en su asiento y escucha la música.

Exterior. Edificio en derribo/Tienda. Día.
Se ve un equipo de demolición en lo alto de un edificio.
IKE *(off):* Mira esto. Ya casi están a punto de tirar esa casa.
Ike y Mary caminan por una acera llena de viandantes.
MARY: Bueno, ¿y no las podrían declarar de valor histórico, o algo por el estilo?
IKE: Sí, yo una vez... una vez intenté detener un derribo. Verás, varias personas nos tumbamos en el suelo delante de una casa...
Los dos entran en una tienda.
IKE: ...y uno de los policías me pisó la mano. Nueva York está cambiando mucho.

Interior. Tienda de ropa masculina. Día.

Jeremiah, el ex marido de Mary, un pequeño don nadie barrigón, se halla de pie junto a una exhibición de trajes. Mary y Ike entran y curiosean una hilera de camisas. Las están examinando cuando Jeremiah se acerca a Mary.
IKE *(risita):* No. Necesito algo, verás, que pueda llevar por casa sin que me tomen por mexicano.
MARY *(suspira):* ¡Uf! Ésta es...
JEREMIAH: ¿Mary?
Mary se vuelve sorprendida hacia Jeremiah.
MARY *(a Jeremiah):* ¡Oh, Dios mío! *(Ríe nerviosa.)* ¡Jeremiah! Vaya...
JEREMIAH: Hola.
MARY: Hum.
Mary hace las presentaciones.
MARY *(risita):* Jeremiah, te presento a mi amigo, eh, Isaac Davis.
Jeremiah y Ike se estrechan la mano.
JEREMIAH: Hola.
IKE: Hola.
JEREMIAH: Me alegro de conocerle. Hola.
MARY *(ríe):* ¡Cielos!
JEREMIAH *(mira a Mary):* Caramba, esto es increíble.
MARY: Es... es increíble, sí.
JEREMIAH: Estoy unos días de paso por Nueva York.
MARY: ¿Ah, sí?
JEREMIAH: Hay un simposio de semántica.
MARY: Ah, ¡vaya!
JEREMIAH: Y tú tienes un aspecto fantástico. Yo, eh...
MARY *(farfulla algo ininteligible):* Estás, estás delgadísimo. Has perdido mucho peso, ¿verdad?
JEREMIAH: Bueno, hago ejercicios con un aparato.
MARY: Estás fabuloso. Vamos, tienes un aspecto estupendo...

Jeremiah suspira.
MARY: ...estupendo de veras.
JEREMIAH: Bueno, se me hace un poco tarde, pero, ah, me alegro mucho de verte. Y...
MARY: Yo también.
JEREMIAH: ¿Sabes? Leí un artículo tuyo en, eh, el *Atlantic...*
MARY: Oh, mierda.
JEREMIAH: ...sobre Brecht.
MARY: Sí, sí, Brecht. *(Pronuncia «Bresht».)* Bueno, ya sabes, siempre me volvió loca el teatro germánico.
Jeremiah ríe.
MARY *(suspira):* Bueno...
JEREMIAH *(suspira):* En fin, bueno...
MARY: Estupendo. Bueno...
Jeremiah se despide.
JEREMIAH: Bien, hasta pronto.
MARY: Adiós. Adiós, Jeremiah.
JEREMIAH *(a Ike):* Hasta la vista.
IKE: Adiós.
Jeremiah sale. Mary se acerca a Ike y los dos se miran.
MARY: ¡Dios mío, vaya sorpresa! No puedo creerlo. Mi ex marido. Y está...
IKE: ¿Sí?
MARY: ...está mucho más flaco. Está fantástico.
IKE: Ya. Bueno... ¡Vaya, me engañaste de buena manera! Vamos, estoy atónito...
MARY: ¿Qué quieres decir?
IKE: ... No me esperaba... no me esperaba esto.
MARY: ¿Y qué esperabas?
IKE *(carraspea):* No sé. Dijiste, bueno, siempre me hiciste creer... dijiste que era un mujeriego de mucho cuidado.

MARY: Sí, es verdad.
IKE: ...y que te descubrió tu sexualidad, ¿eh?
MARY: ¿Y qué, y qué?
IKE: Y, bueno, luego aparece ese... ese homúnculo, ¿sabes?, yo, ah...
MARY *(suspira):* Pues es absolutamente arrollador.
IKE: ¿En serio? Bueno, ¿sabes?, yo... Es pasmoso lo subjetivas que son esas cosas.
MARY *(suspira):* No sé qué quieres...

Interior. Apartamento de Ike. Día.
Ike está escribiendo en la cama. Se detiene y mira la puerta abierta. Se oye una máquina de escribir en la habitación de al lado.
IKE: Oye, ¡qué aprisa escribes!
MARY *(off):* Uy, es pan comido.
Ike continúa con lo que escribe.
IKE: Ya. ¿Estás todavía con la reseña de *Las cartas de Tolstói?*
Mary está sentada ante un escritorio, dándole a la máquina. Lleva un cigarrillo en la boca.
MARY: No, no. La terminé hace dos días. Estoy... estoy con la novelización.
Sigue a la máquina. Ike deja de escribir y mira la puerta.
IKE: Oye, ¿por qué... por qué pierdes el tiempo con esa novelización?
MARY *(off):* ¿Que por qué? Porque es fácil y pagan bien.
IKE: Es, oh, ¿sabes?, ése es otro de los fenómenos americanos contemporáneos que me parece el colmo de la cretinez... la, hum, novelización de películas. Quiero decir que...
Mary sigue tecleando imperturbable.

IKE *(off):* ...eres demasiado inteligente para hacer esas tonterías.
Suena el teléfono.
IKE *(off):* Deberías dedicarte a otras cosas, ¿sabes?
Mary coge el cigarrillo, le da una chupada y lo deja otra vez.
MARY: ¿Como cuáles?
IKE *(off):* ...Ya sabes, escribir novelas. He visto lo que escribes. Es fantástico.
Mary coge el teléfono.
MARY *(al teléfono):* ¿Diga?

Exterior. Park Avenue/Cabina telefónica. Día.
Yale con el auricular al oído. A su espalda se distingue el tráfico que pasa.
YALE *(al teléfono):* Mary, hola. Soy Yale. Confiaba en que contestaras tú. Escucha, eh, ¿podríamos tomar café juntos?
Se oye el claxon de un automóvil.

Interior. Apartamento de Ike. Día.
Mary, sentada ante el escritorio, habla por teléfono.
MARY *(al teléfono):* Pero, ¿por qué? ¿Por qué? ¿Qué ocurre? ¿Qué...?

Exterior. Park Avenue/Cabina telefónica. Día.
YALE *(al teléfono):* Bueno, ¿sabes?, te echo de menos y... pensé... que podríamos hablar un rato.

Interior. Apartamento de Ike. Día.
MARY *(al teléfono):* No *(suspira),* no creo que sea posible, de veras. No creo que sea posible en absoluto. Lo siento, yo sólo... ah, no, lo siento, tengo que colgar.
Mary cuelga. Se reclina en su asiento, visiblemente trastornada y murmura algo para sí. Se ve a Ike en el umbral, tumbado en la cama y sacando punta a un lápiz.
IKE: ¿Quién era?
MARY *(off):* ¿Qué?
IKE: ¿Quién llamaba por teléfono hace un momento?
MARY *(trastornada aún):* Ah, clases de baile.
IKE *(off):* ¿Cómo clases de baile?
MARY: Sí, que si queremos clases de baile gratuitas.
IKE *(off, risita):* Claro. Te regalan una lección y luego te enganchan por el módico precio de cincuenta mil dólares.

Exterior. Park Avenue/Cabina telefónica. Día.
Yale sigue en la cabina. Su aspecto es abatido. Se ve pasar un jeep y un taxi.

Interior. Apartamento de Yale. Día.
Ike y Emily se hallan de pie ante la librería. Ike se vuelve hacia Emily.
IKE: En Viking les ha gustado mi libro.
EMILY: Oh, estupendo.
IKE: Les gustaron los cuatro primeros capítulos, que es todo lo que he entregado. Pero dijeron que el texto era divertido y, bueno, se deshicieron en elogios.
EMILY: Sí, Yale los leyó y le pareció que prometían mucho.

Emily se vuelve y se mete en la cocina. Ike va tras ella.

IKE: Ya lo sé, pero Yale es de la familia, ¿sabes?, siempre me ha animado enormemente, claro. Pero los de Viking son los que, bueno, los que tienen el dinero.

EMILY: Ya. Bueno, eso animará a Yale quizás a terminar su biografía de O'Neill. ¡Lleva tanto tiempo hablando de ella!

Emily pasa por delante de Ike, de pie en el umbral, al salir de la cocina.

IKE: Siglos, ya lo creo.

EMILY: Sí.

Ike sigue a Emily al living.

IKE: En fin, Mary... Mary lo leyó y se puso a reír a carcajadas. Y yo... yo respeto su opinión, ¿sabes?, aunque está escribiendo una cosa muy pretenciosa sobre una estrella del rock que es realmente una...

Se oye una puerta que se abre.

YALE *(off):* ¡Hola!

IKE: ¿Sabes? Una...

Una puerta se cierra. Entra Yale.

EMILY *(a Yale):* Eh, ¿dónde estabas? Tenías que estar en casa hace una hora.

YALE: Ahhh, compré el coche.

EMILY: Oh, no, ¿es posible?

YALE *(ríe):* Ya sé, ya sé, sé que es una extravagancia absurda...

Ike suspira.

YALE: ... pero tenía que comprarlo. Era demasiado bonito.

IKE: ¿Compraste ese... esa cosa que vimos?

YALE *(asiente):* Sí, sí.

IKE: ¡Oh!

EMILY: ¿Sabes lo de Ike?

YALE: ¿Qué?

EMILY: A los de Viking Press les ha gustado los cuatro primeros capítulos de su libro.
IKE *(asiente):* Ajá.
YALE: Oh, ¿de veras?
IKE: Sí, se deshicieron en elogios.
YALE: Bien, la semana que viene me darán el coche. Saldremos a celebrarlo.
IKE *(asiente):* Vale.
Emily mira a Ike, luego a Yale, y sonríe.
EMILY *(a Ike):* En nuestro coche nuevo.

Exterior. Puente Tappan Zee. Día.
Yale, Emily, Ike y Mary se apretujan en el Porsche.

Exterior. Tienda de antigüedades en Nyack. Día.
Yale sale de la tienda, seguido de Ike. Caminan por la acera. Mary y Emily aparecen saliendo de otra tienda. Mary le da a Ike una foto. Ike le da a Mary un beso. Ike echa la foto a una papelera.

Interior/exterior. Escaparate de librería. Día.
A través del escaparate, se divisan coches aparcados. Emily y Yale pasan de largo. Mary y Ike se detienen delante. Ike enciende un cigarrillo y señala algo en el escaparate. Se aproxima a Yale y a Emily, que retroceden. Contemplan también el escaparate. Están mirando una pila de ejemplares del libro de Jill. La portada reza: MATRIMONIO, DIVORCIO Y TOMA DE CONCIENCIA: JILL DAVIS. *En la contraportada hay una fotografía de Jill.*

Exterior. Muelle de Nyack. Día.
La zona del puerto y el río. Mary, Ike, Emily y Yale se pasean. Yale lee en voz alta el libro de Jill. Se oyen al fondo los chillidos de las gaviotas.

YALE: ¡Cielos!, escuchad esto *(lee):* «Hacer el amor con esta hembra intensa, *(ríe)* dominante, me hizo *(ríe de nuevo)* comprender...»

Ike se tapa los oídos con grandes muestras de horror.

YALE *(lee):* «...qué experiencia vacía, qué grotesco enigma...»

Ike suspira.

YALE *(lee):* «...eran las relaciones sexuales con mi marido».

Emily suelta una carcajada.
IKE: Por favor, eso es tan nauseabundo, yo *(suspira)*, ¡oh!
Emily le coge el libro a Yale.
IKE: Oh, Dios Todopoderoso.
EMILY *(risita):* ¿Es verdad eso? ¿Hiciste el amor con Jill y con otra mujer?
IKE: Ah, ¿lo ha puesto ahí?
Emily y Yale ríen.
IKE: ¡Cielo santo!, ella... ella fue la que quiso, creo yo. Bueno, yo... en fin, no quise ser aguafiestas.
YALE: ¿Te lo pasaste bien?
MARY: Y luego dice también que... que...
IKE *(a Yale):* No, no me lo pasé bien.
Yale se echa a reír.
MARY: ¿Y no sabéis que... que intentó atropellar a la amante de Jill?
Emily ríe.
YALE: Oh, sí.
IKE *(mira a Mary):* ¿De qué parte estás?
Yale mira a Emily. Mary mira a Ike.
MARY *(a Ike):* ¿Qué quieres decir?
IKE: No, no intenté atropellarla. Estaba lloviendo a mares. El coche patinó. Dios mío, ahora todo el mundo en Nueva York se va a enterar...
EMILY: No puedo creerlo.
IKE: ...de todos esos detalles. Todo el mundo, todos mis amigos y...
EMILY: Eh, oíd esto *(lee el libro de Jill):* «Era dado a los arranques de furor, la paranoia liberal judía, el chauvinismo machista, la misantropía hipócrita, y los estados de ánimo desesperados y nihilistas. Se quejaba de la vida, pero jamás ofrecía soluciones».
Se oye el chillido de las gaviotas.

EMILY *(lee):* «Ansiaba ser un artista, pero temía los necesarios sacrificios. En sus momentos más íntimos, hablaba de su pánico a la muerte, elevado a cumbres trágicas cuando, de hecho, no era más que puro narcisismo».

Interior. Apartamento de Jill. Día.
Ike sigue a Jill por el living. Connie está sentada ante la mesa del comedor.
IKE: He venido aquí para estrangularte.
JILL: Nada de cuanto he escrito es falso.
IKE: ¡¿Cómo puedes decir eso?! ¡Ese libro me hace parecer Lee Harvey Oswald!

Sigue a Jill hasta la zona que sirve de estudio.
JILL: Es una descripción franca de nuestro matrimonio.
IKE: ¿El que yo sea narcisista?
JILL: ¿No te parece que eres un poco obseso?
IKE: ¿Y... y misántropo? ¿E hipócrita?
Jill coge un carrete de hilo. Entra y sale durante la conversación.
JILL: Bueno, también he escrito cosas bonitas de ti.
IKE: ¿Cuáles? ¿Cuáles?
JILL: ¿Que cuáles? Que lloras cuando ves *Lo que el viento se llevó.*
IKE: ¡Oh, cielos!
Se oye la risa de Connie.
IKE *(a Connie):* ¿De qué te ríes? En teoría, de las dos, eres tú la persona adulta. ¿Cómo le permites escribir esa porquería?
CONNIE: Eh, un momento. Eso es cosa vuestra.
IKE: Eh, ¿tú... crees sinceramente que yo intenté atropellarte?
CONNIE: Pisaste el acelerador cuando yo pasaba por delante del coche.
IKE *(a Jill):* Vaya, ¿conque lo hice a propósito?
JILL: Bueno, ¿qué diría Freud?
IKE *(acercándose a Jill):* Freud diría que yo realmente quise atropellarla. Por eso era un genio.
Connie se levanta y se dirige a la escalera.
CONNIE: Muy bien, escuchadme los dos, me voy arriba. Tengo trabajo que hacer. No te olvides que Willie está en clase de baile. *(Se va arriba.)*
IKE: Ya.
JILL: Mira, será mejor que te lo diga. Quieren comprar el libro para hacer una película.
Ike aparta la mirada con gesto de incredulidad.

Interior. Apartamento de Ike. Noche.
Ike entra por la puerta principal.
IKE *(llama):* ¿Hay alguien en casa?
MARY *(off):* Uh-uh.
Ike va a la cocina y enciende la luz. Se acerca al fregadero.
IKE: ¿Sí? Tengo una historia increíble que contarte, absolutamente increíble. ¿Estás bien?
MARY *(off):* Sí, claro.
IKE: ¿Sí? Déjame beber un vaso de agua marrón...
Ike abre el grifo y llena de agua un vaso.
IKE: ...porque estoy muerto de sed.
MARY *(off):* Isaac... oye, quiero hablar contigo...
IKE: ¿Sí?
MARY *(off):* ... antes.
Ike sale de la cocina con el vaso en la mano, después de apagar la luz. Cruza el living en dirección a Mary.
IKE: He ido esta mañana a ver a Jill, ¿sabes? Porque estoy muy disgustado con todas esas porquerías que ha publicado en el libro.
MARY *(off):* Ya. ¿Isaac? Hum...
IKE: Y, y yo, bueno...
MARY: Antes de que termines, hay algo que... quiero decirte.
IKE: ¿Qué te pasa? Estás... estás... pálida.
MARY: Bueno...
IKE: Bueno, ¿qué? Oye, ¿te ocurre algo malo? ¿Qué tienes?
MARY *(vacilante):* Creo que sigo enamorada de Yale.
IKE *(dando un respingo):* ¿Qué? ¿Estás... tú estás de bro...? ¿Es cierto?
MARY *(off):* Sí.

IKE: Vaya, ¿cuándo ha sido? Quiero decir, ¿qué...? Bueno, ¿estás enamorada, o sólo lo crees?

Mary cruza la habitación y se sirve una copa de vino.

MARY: Nos estamos viendo otra vez.

IKE *(off):* ¿Cómo? ¿Desde cuándo?

MARY: Oh, a partir de hoy. No estamos realmente... Por eso, quería ser sincera contigo.

IKE: ¡Dios mío! Estoy... estoy sorprendido. Sorprendido... Y escandalizado.

MARY *(camina arriba y abajo por la habitación):* Creo que siempre he estado enamorada de él.

IKE: ¿Y qué piensa él de todo esto?

MARY *(suspira):* Bueno... quiere marcharse de su casa, para que podamos vivir juntos.

IKE: Me siento tan aturdido. Estoy... estoy en un estado de, ah... Alguien debería arroparme con una manta. ¿Sabes?, soy...

MARY: Bueno, verás, me llamó varias veces en un estado de absoluto desánimo y confusión. Y *(suspira)* me sigue queriendo.

IKE: Esto, esto, esto empieza a parecer una obra de Noel Coward, ¿sabes? Alguien tendría que salir a escena y preparar unos martinis.

MARY *(off):* No te reprocho que estés furioso conmigo.

IKE: Bueno, yo... me siento demasiado aturdido para estar furioso.

MARY: Pues me gustaría que lo estuvieras. Me gustaría que te enfadaras, para poder discutir, para desahogarnos.

IKE *(se señala a sí mismo):* Bueno, pues no me enfado, ¿vale? Mira, tengo tendencia a interiorizar. No puedo expresar la ira. Ése es uno de los problemas que tengo. En vez de enfadarme, me sale un grano.

MARY *(off)*: Bueno, ya te dije desde el principio que... que yo siempre traía complicaciones...

Pasa por delante de Ike y se sienta en la mesita de café.

MARY: ... cuando empecé a salir contigo.

IKE: ¿Y qué... qué dice tu analista? Vamos, ¿se lo has contado?

MARY: Bueno, Donny está en coma. Tuvo un mal viaje con ácido.

IKE: Oh, eso es mag... eso es magnífico. Bueno, verás... *(Suspira.)* Creo que estás cometiendo un grave error.

MARY: ¿Por qué?

IKE: ¿Por qué? Porque tú... ¿Por qué? Porque prefieres a Yale. Ya sé que te parecerá egoísta, pero...

Mary suspira.

IKE: ...ya sabes. Ese hombre lleva doce años casado con Emily. ¿Qué crees que va a ocurrir? Cuando lleve un mes lejos de ella, perderá la cabeza. Y... y... y, en el caso de que se quedara contigo, cuando empieces a sentirte segura, le abandonarás. Lo sé. Le... le doy a lo vuestro... *(chasquea los dedos)* cuatro semanas, como mucho.

MARY: Bueno, yo... yo... yo no puedo prever qué ocurrirá con cuatro semanas de antelación.

IKE: ¿Que no puedes prever qué harás con cuatro semanas de antelación? Vamos, ¿qué...

MARY *(sacude la cabeza)*: ¡No!

IKE: ...qué manera de planificarse la vida es ésa? *(Suspira.)* ¡Cielos! Verás, yo... yo sabía que estabas loca cuando... cuando empezamos a salir juntos. ¿Sabes? Yo... tú... siempre te crees la única en lograr cambiar a los hombres, pero...

MARY: Isaac, lo siento.

IKE: Ya, bueno...
MARY: De veras, lo siento mucho.
IKE: Ah.
MARY: ¿Isaac?
Ike deja el vaso de agua en la mesita de café, se endereza y sale.
MARY: Lo sien... ¿Adónde... adónde vas?
IKE *(off):* A tomar el fresco.
MARY: Oh.

Exterior. Calle. Día.
Ike camina por la acera, adelantando a un hombre y a una mujer.

Interior. Universidad. Día.
Dos chicas miran el tablón de anuncios. Ike pasa como una exhalación y baja por el pasillo. Llega a la puerta del aula de Yale y mira por la ventanilla a Yale y a los estudiantes. Ike llama a la puerta. Yale le mira. Ike hace señas a Yale de que salga. Llama otra vez a la puerta. Yale abre.
IKE: Pssst. Quiero hablar contigo.
YALE: ¿Qué haces aquí?
IKE: ¿Qué es eso de qué hago aquí? He hablado con Mary. ¿No tienes nada que decirme?
YALE: ¡Oh, maldita sea! Quería decirte algo, pero no... Sssh, estoy en clase.
Yale mira el aula y luego a Ike.
IKE: Ya, ¿dónde podemos ir a hablar?
YALE: Ven aquí. Ven aquí. Ven aquí. Ven aquí.
IKE: ¿Adónde podemos... adónde podemos ir a hablar?

Yale empuja a Ike por el pasillo a otra aula.
YALE: ¿Cómo te dejó pasar el portero?
IKE: ¿Y qué importa? Pasé y eso es todo.

Interior. Aula vacía. Día.
Unos instantes más tarde. Yale cierra la puerta.
IKE *(suspira):* ¿Qué vas a decirme?... ¿Que vas a dejar a Emily?... ¿Es eso cierto?... ¿Y... y... que te vas a largar con la... la... la ganadora del... Premio Zelda Fitzgerald de Madurez Emotiva?
YALE: Escucha, la quiero. Siempre la he querido.
IKE *(suspira):* Oh, ¿qué clase de amigo insensato eres tú?
YALE: ¡Soy un buen amigo! Yo os presenté a los dos, ¿recuerdas?
IKE: ¿Por qué? ¿Qué te proponías? *(Risita.)* No consigo entenderlo.
YALE: ¡Porque creí que ella te gustaba!
IKE: ¡Me gusta, sí! ¡Y ahora nos gusta a los dos!
YALE: ¡Ya, pero a mí me gustó primero!
IKE *(incrédulo):* «A mí me gustó primero». Oye, ¡¿acaso eres un niño de seis años?! ¡Cielos!
YALE: Mira, creí que todo había terminado. Escucha, ¿crees que te habría empujado a que salieras con ella cuando... cuando aún me gustaba?
Ike, de espaldas a un esqueleto, se encara con Yale.
IKE: Te gustaba, muy bien. Luego ya no te gusta. Ahora, vuelve a gustarte. Tú... ¿sabes?, hum, es temprano todavía. ¡Puedes aún cambiar de opinión antes de cenar!
YALE: No seas sarcástico. ¿Crees que me divierte todo esto?

IKE: ¿Cuánto tiempo piensas seguir viéndola a espaldas mías?

YALE: No conviertas esto en una de tus grandes discusiones morales.

IKE: Podías habérmelo dicho... pero tú... tú... lo único que tenías que hacer era llamarme y hablar conmigo. Soy muy comprensivo, ¿sabes? Te habría contestado «No», pero tu sinceridad habría quedado a salvo.

YALE: Quería decírtelo. Sabía que ibas a llevarte un disgusto. Yo... tuvimos unas cuantas citas inocentes.

IKE: ¿Unas cuantas? ¡Ella dijo una! Vaya, deberíais unificar vuestras versiones, ¿sabes? ¿Por qué no ensayáis?

YALE: Nos vimos un par de veces para tomar café.

IKE: Oye, no me vengas con cuentos. Ella no toma café. ¡Si acaso para tomar un descafeinado! ¡Qué poco romántico! Más bien geriátrico, diría yo.

YALE: Muy bien, no soy ningún santo, de acuerdo.

IKE: Pero... pero eres muy benévolo contigo mismo, ¡¿no te das cuenta?! ¿Sabes? Ése es tu problema, ése es todo tu problema. Tú lo racionalizas todo. No eres honrado contigo mismo. Tú hablas de que... quieres... quieres escribir un libro, pero... pero, al final, prefieres comprarte el Porsche, ¿sabes?, o le engañas un poquito a Emily y me cuentas a mí la verdad a medias, y... ¡y la próxima vez aparecerás ante un comité del Senado para dar nombres! ¡Estás denunciando a tus amigos!

YALE *(se enfada):* Eres un hipócrita, ¿sabes? Vamos, no somos más que personas, no somos más que seres humanos, ¿sabes? ¿Te crees que eres Dios?

IKE: ¡A... alguien he de tomar por modelo!

YALE: Pues no puedes vivir así, vamos. Es demasiado perfecto.
IKE: ¡Cielos! ¿Qué van a decir de nosotros las futuras generaciones? ¡Dios mío! ¿Sabes? ¡Algún día seremos...
Ike señala el esqueleto.
IKE: ...seremos como él! Vaya, probablemente sería un tipo de la alta sociedad. Iría a bailar y a jugar al tenis y todo eso. Y... y ahora... bueno...
Señala otra vez el esqueleto.
IKE: ¡...seremos como él! ¿Sabes? Es muy importante tener... tener algún tipo de integridad personal. ¿Sabes? Algún... algún día estaré colgado en un aula. ¡Y... quiero asegurarme de que, cuando mi vida acabe, se tenga buen concepto de mí! *(Sale.)*
La cámara permanece fija sobre el esqueleto.
YALE *(off):* Ike... Isaac, ¿adónde vas?

Interior. Apartamento de Ike. Día.
Ike está sentado ante su máquina de escribir, aturdido. Coge una hoja de papel, la mete en el rodillo, pone en marcha una grabadora de casetes y empieza a teclear.

Interior. Apartamento de Ike. Noche.
Ike está escribiendo a máquina.

Interior. Apartamento de Ike. Día.
Willie está haciendo una máscara de Halloween con una calabaza. Lo mismo hace Ike con una calabaza mayor.

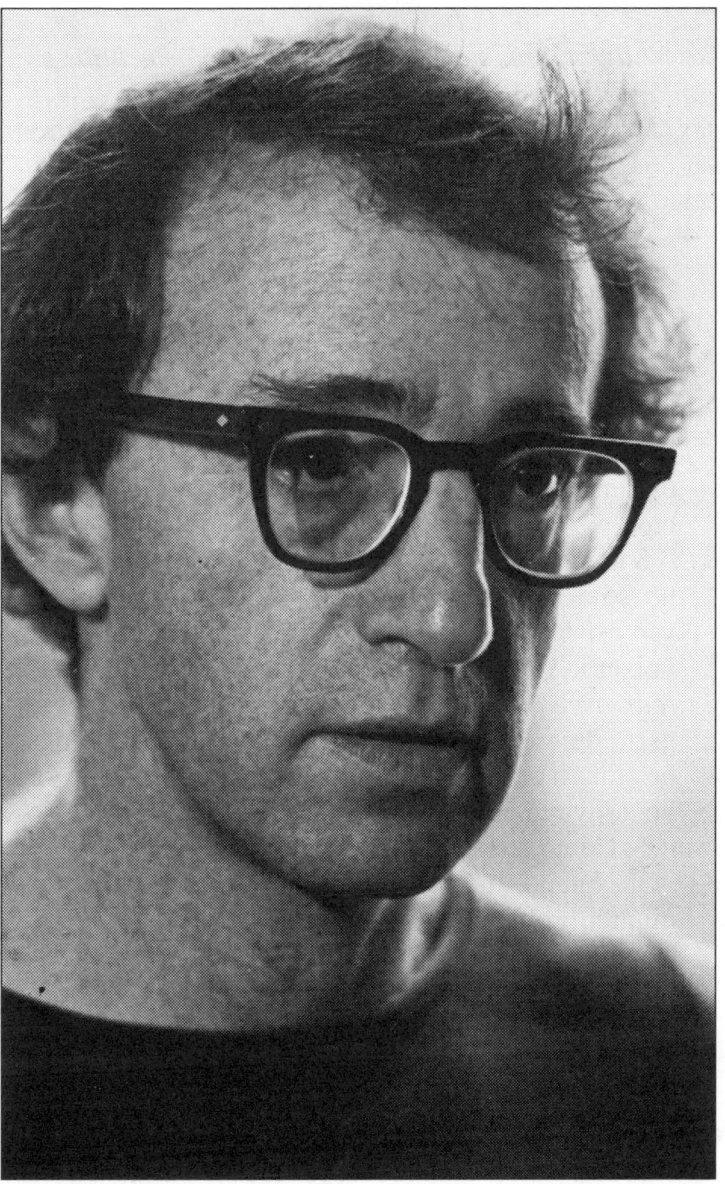

Exterior. Central Park/Campo de juego. Día.
Ike, Willie y otros padres divorciados con sus hijos juegan al fútbol americano. Se oyen gritos y conversaciones. Termina el partido. Ike y Willie llevan camisetas en las que se leen estas palabras PADRES DIVORCIADOS E HIJOS ALL STARS.

Interior. Charcutería SoHo. Día.
Ike y Emily están sentados el uno frente al otro, almorzando. Se oye al fondo murmullo de conversaciones.
EMILY: No, yo sabía que Yale tenía sus aventuras... pero en fin, nadie es perfecto. *(Suspira.)* El matrimonio es un... requiere... ciertos pequeños compromisos, creo yo.
IKE: ¿Sabes? *(Tose.)* Es curioso, porque no puedo... yo... no sé aceptar compromisos. Bueno, que no puedo ver así las cosas, vamos. ¿Sabes? Creo que... que volver la vista al otro lado es siempre un error fatal... *(carraspea)* porque, al final, siempre acabas por pagarlo de todos modos. Vaya, tú lo... Jill escribió sobre mí en su libro, ya lo has visto. Es como si yo... yo... viviera en el pasado.
EMILY: ¿Cómo te va? ¿Sales con alguien?
IKE: Oh, bueno, tú... ya sabes que yo nunca he tenido ningún problema para salir con mujeres. Quiero decir que... ya sabes, *(carraspea)* precisamente pensaba en eso la semana pasada. Tengo la impresión, ya sé que te parecerá extraño, tengo la impresión de que realmente perdí algo importante cuando dejé a Tracey. ¿Te acuerdas de Tracey?
EMILY: Sí, siempre me cayó bien.
IKE: Ya. Pensaba precisamente la semana pasada en casa

que *(suspira)* de todas las mujeres que he conocido en estos últimos años, si soy consecuente conmigo mismo... creo que los momentos más tranquilos y, ¿sabes?, los más agradables, los pasé con ella. Era una chica estupenda, pero demasiado joven, ¿verdad? Qué le vamos a hacer.

EMILY: ¿Por qué no la llamas?

IKE *(sacude la cabeza):* No, soy incapaz. Creo que me porté muy mal con ella. ¿Sabes? Siempre... mantuve una distancia entre nosotros y nunca le di una oportunidad. Y *(suspira)* ¡era tan encantadora! ¿Sabes qué...? Me llamó, ah, me dejó un mensaje en el servicio telefónico hará cosa de un mes *(suspira)* para que no me olvidase de ver *La gran ilusión* en la tele...

Emily sonríe.

IKE: ...¿sabes? Y yo no la llamé, ni nada. Verás *(aprieta los labios)*, yo no, eh, no quise hacerle creer que yo pretendía volver con ella. *(Sacude la cabeza con gestos vivos.)* Yo, bueno... ella me quería de veras y yo... *(suspira).*

EMILY: Sí. ¿Sabes que estuve un poco enfadada contigo?

Ike enarca una ceja.

IKE: ¿Conmigo?

EMILY *(asiente):* Sí. Pensaba que si no hubieras presentado a Mary a Yale, tal vez esto no habría ocurrido.

Ike hace un gesto afirmativo.

Interior. Apartamento de Ike. Día.
Un casete gira en el interior de una grabadora.

IKE *(off, habla al micrófono):* Idea para un cuento... *(suspira)* sobre, mm, gente de Manhattan, que, eh, que continuamente se crea terribles problemas neu-

róticos, innecesarios, porque eso le permite evadirse de, eh, otros problemas más graves y aterradores del, mmm, del universo.

Ike se halla tumbado en el sofá, con el micrófono junto a los labios.

IKE *(al micrófono, suspira):* Mm, eh, es... bueno, tiene que ser optimista. Bien, eso es, ¿por qué vale la pena vivir? Es una buena pregunta. *(Suspira.)* Mm. *(Carraspea, luego suspira.)* Bueno, *(suspira)* hay varias cosas que... que creo hacen que valga la pena. *(Suspira.)* Eh, ¿cuáles? *(Suspira.)* Bien, para mí... mm, *(suspira)* eh, yo diría... Groucho Marx... por decir una, eh, mm, *(suspira)* Willie Mays *(suspira)*, mm, eh, el segundo movimiento de la Sinfonía de Júpiter... y, mm, Louis Armstrong, el *Potatohead Blues*... *(suspira)* mm, las películas suecas, naturalmente... *La educación sentimental,* de Flaubert, *(suspira)* eh, Marlon Brando, Frank Sinatra, *(suspira)* mm, las increíbles manzanas y peras de Cézanne... *(suspira)* eh, los cangrejos del Sam Wo's... eh, mm *(suspira)*, la cara de Tracey *(risita)*... *(Suspira.)*

Ike deja el micrófono sobre su pecho y suspira. Se apoya en un codo. Luego se sienta, dejando el micrófono encima de la mesa. Se levanta y se acerca al bufete. Abre un cajón, luego otro y saca una armónica metida en una caja. Saca la armónica de la caja, a la que tira encima de la cercana mesa del comedor. Titubea, luego se sienta en el sofá, descuelga el teléfono, vuelve a colgarlo, deja la armónica y, cogiendo el auricular, marca un número. Se pone el auricular al oído. Oye la señal de comunicar. Sostiene el auricular un momento y cuelga. Se incorpora, toma la chaqueta y sale con paso apresurado.

Exterior. Calle. Día.
Ike corre por una acera llena de gente hasta la esquina. Intenta encontrar un taxi. Alza la mano con exasperación, se vuelve y sale corriendo.

Exterior. Segunda avenida/Yorkville. Día.
Ike corre calle abajo. Afloja el paso, intenta recuperar el resuello y llama a un taxi que pasa. Aprieta otra vez a correr.

Exterior. Cabina telefónica. Día.

Ike pasa corriendo por delante de la cabina, se detiene y vuelve atrás. Se mete en la cabina, descuelga el auricular, mete unas monedas en la ranura. Marca el número de Tracey: comunica. Con una mirada de exasperación, cuelga. Sale a todo correr de la cabina.

Exterior. Grammercy Park. Día.
Ike pasa corriendo por delante del parque.

Interior. Vestíbulo/Vivienda de Tracey. Día.
Por las puertas de cristal se ven automóviles aparcados. Llega Ike. Parece satisfecho.

Exterior. Vivienda de Tracey. Día.
Por las puertas de cristal se ve a Tracey que entrega una maleta a un chófer. El chófer recoge otras maletas junto a él en el suelo y echa a andar.

Interior. Vestíbulo/Vivienda de Tracey. Día.
Ike mira por las puertas de cristal.

Exterior. Vivienda de Tracey. Día.
El chófer sale. Tracey deja a un lado el bolso y se cepilla el pelo. La puerta se cierra. El chófer aparece reflejado en el cristal mientras camina hacia el coche, junto al cual deja las maletas. Tracey deja de cepillarse. Acaba de ver a Ike.

Interior. Vestíbulo/Vivienda de Tracey. Día.
Ike aparece detrás de las puertas de cristal. El chófer cierra la puerta delantera del automóvil y recoge las maletas. Ike empuja las puertas de cristal y entra en el vestíbulo. Camina en dirección a Tracey.
IKE *(suspira):* Hola.
TRACEY *(suspira):* Hola.
IKE: Yo... *(Carraspea.)*
TRACEY: ¿Qué haces aquí?
IKE: Eh *(suspira)*, bueno *(carraspea)*, he venido corriendo. *(Intenta recuperar el aliento.)* Te... te llamé por teléfono, pero, ah... comunicaba, así que *(aspira aire)*, como sueles estar dos horas hablando...
Tracey emite una risita.
IKE: Entonces, como no pude conseguir un taxi, vine corriendo. *(Jadea.)* Eh, ¿adónde vas?
TRACEY: A Londres.
IKE: ¿Te vas a Londres ahora? *(Recobra el aliento.)* ¿Quieres decir que...? ¿Qué quieres decir? ¿Que si... que si llego a tardar dos minutos más, ya estarías... ya estarías... ya estarías camino de Londres?
Tracey asiente con un suspiro.
IKE *(suspira):* Bueno *(suspira)*, no... no me andaré con rodeos. *(Carraspea.)* Creo que no debes ir. Creo que me equivoqué, y mucho. Y preferiría que... que no te fueras.
TRACEY *(suspira):* ¡Oh, Isaac!
IKE: Lo... lo digo en serio. Ya sé que ésta no es forma de hacer las cosas *(risita)*, pero, eh... ¿sabes? Oh *(murmura entre dientes)*, esto... ¿te... te ves con alguien? ¿Sales con alguien?
TRACEY *(sacude la cabeza):* No.

Ike se encoge de hombros.

IKE *(suspira):* Entonces... bueno... ¿to-to-todavía me sigues queriendo, o eso ya pasó?

TRACEY *(risita):* ¡Dios mío! *(Suspira.)* Apareces así, de sopetón. Dejas de llamarme y, de repente, apareces. Bueno... ¿qué pasó con la mujer que conociste?

IKE: Pues eso, bueno, caramba, ya te lo contaré. ¡Ah, cielos! Ya no me veo más con ella. En fin, ya sabes, digamos que... Mira, me equivoqué. ¿Qué quieres que te diga? *(Mascula algo entre dientes.)* Creo que no debes ir a Londres. *(Suspira.)*

TRACEY: Bueno, tengo que ir. Verás, ya está todo hecho, ya está todo preparado. En fin, mis padres ya están allí para buscarme un alojamiento.

Ike se encoge de hombros.

IKE *(suspira):* Pues, eh, esto, ¿me quieres todavía... o no?

TRACEY: ¿Me quieres tú a mí?

IKE: Pues sí, eso es, eh, pues, claro que sí, de eso se trata precisamente... ¿sabes?

TRACEY: ¿Sabes una cosa? El otro día cumplí dieciocho años.

IKE: ¿En serio?

TRACEY *(risita):* Soy mayor de edad, pero sigo siendo una niña.

IKE: No eres ninguna niña. Dieciocho años. ¿Sabes que puedes... que pueden llamarte a filas?

Tracey sonríe.

IKE: ¿Sabes que en algunos países podrían...?

Le aparta el cabello de la cara. Tracey ríe.

IKE: Oye, estás muy bien.

Acaricia la cara de Tracey.

TRACEY: Me hiciste mucho daño.

IKE: Ah, no lo hice a propósito... ¿sabes? Verás, eh, yo, eh... estaba, eh, bueno *(farfulla algo entre dientes)* todo fue porque... entonces veía las cosas de otra...

TRACEY: Bueno, dentro de seis meses volveré.

IKE: Dentro de seis meses... ¿Qué dices? *(Enarca una ceja.)* ¿Vas a estar fuera seis meses?

TRACEY: Hay que pasar por esto. Quiero decir, ¿qué son seis meses si aún nos queremos?

IKE: Oye, no te hagas la mujer adulta conmigo, ¿vale? *(Asiente.)* En fin, seis meses es mucho tiempo. Seis meses... ¿Sabes? Vas a... vas a trabajar allí en el... en el teatro. Conocerás a actores y directores. Irás... irás a los ensayos, ¿sabes?, y... y vivirás con esa gente. Te invitarán mucho a comer. Y, y *(carraspea)* bueno, ya verás, se crean afectos, y, eh, bueno, tú... tú no querrás, pero... cambiarás. ¿Sabes? Tú serás... dentro de seis meses, serás una persona completamente distinta.

TRACEY *(risita):* Ya. ¿Así que no quieres que tenga esta experiencia? Porque hace un tiempo me la recomendaste de un modo tan convincente...

IKE *(se encoge de hombros):* Sí, claro que sí, pero, ¿sabes?, podrías... Bueno, no quiero que cambie lo que me gusta de ti.

TRACEY: Tengo que coger el avión.

IKE: Oh, vamos, tú... vamos, no puedes irte.

TRACEY: ¿Por qué no me dijiste *(ríe)* todo eso la semana pasada?

Ike se encoge de hombros.

TRACEY: Mira, seis meses no es tanto tiempo. No todos se corrompen. Mira *(risita)*, has de tener un poco de fe en las personas.

Ike muestra una expresión irónica en su rostro. Sonríe.

Exterior. Manhattan. Día.
La línea del horizonte. El sol se pone en un cielo con nubes.

Exterior. Manhattan. Noche.
Edificios y un puente iluminado.

Libros de Woody Allen en Tusquets Editores

ANDANZAS
Cuentos sin plumas

MARGINALES
Adulterios. Tres comedias de un acto (Teatro)

CUADERNOS ÍNFIMOS
Delitos y faltas (Guión)

FÁBULA
Misterioso asesinato en Manhattan (Guión)
Cómo acabar
de una vez por todas con la cultura
Sin plumas
Balas sobre Broadway (Guión)
Annie Hall (Guión)
Manhattan (Guión)
Hannah y sus hermanas (Guión)
Recuerdos (Guión)
Perfiles
Interiores (Guión)
Todo lo que usted quiso siempre saber
acerca del sexo... (Guión)
Zelig (Guión)
Maridos y mujeres (Guión)
Sueños de un seductor (Teatro)
La bombilla que flota (Teatro)
No te bebas el agua (Teatro)

Últimos Fábula

227. El azul del cielo
Georges Bataille

228. El lado de la sombra
Adolfo Bioy Casares

229. Adiós, Poeta...
Pablo Neruda y su tiempo
Jorge Edwards

230. Hernán Cortés
Inventor de México
Juan Miralles

231. Maridos y mujeres
Woody Allen

232. Poesía completa
(1953-1991)
Claudio Rodríguez

233. Al este del Edén
John Steinbeck

234. El guitarrista
Luis Landero

235. Puertas abiertas
Leonardo Sciascia

236. El derecho a morir
Derek Humphry y Ann Wickett

237. El fondo de la botella
Georges Simenon

238. Veinte años y un día
Jorge Semprún

239. Manuel Godoy
La aventura del poder
Emilio La Parra

240. El paraíso de los caballos
Jane Smiley

241. Otra Europa
Czeslaw Milosz

242. Sueños de un seductor
Woody Allen

243. El beso del cosaco
Eduardo Mendicutti

244. El viaje del profesor Caritat
Steven Lukes

245. Las brujas de Salem y El crisol
Arthur Miller

246. El mal
o El drama de la libertad
Rüdiger Safranski

247. ¿Quién mató a Daniel Pearl?
Bernard-Henri Lévy

248. Muerte de un viajante
Arthur Miller

249. Fin de partida
Samuel Beckett

250. La bombilla que flota
Woody Allen

251. La bruja y el capitán
Leonardo Sciascia

252. Mercado de Barceló
Almudena Grandes

253. El ocaso del pensamiento
E.M. Cioran

254. Poemas
Emily Dickinson

255. Desencuentros
Luis Sepúlveda

256. No te bebas el agua
Woody Allen

257. Tuyo es el reino
Abilio Estévez

258. La mirada inocente
Georges Simenon

259. El contorno del abismo
Vida y leyenda de Leopoldo María Panero
J. Benito Fernández

260. El portero
Reinaldo Arenas

261. Diez grandes novelas y sus autores
William Somerset Maugham